MÉMOIRES CRITIQUES

SUR

L'ORIENT.

De-Filippi

Letuaire

MÉMOIRES

CRITIQUES

SUR L'ORIENT,

PAR

M. le chevalier de Ferrer,

Ancien capitaine d'artillerie de marine.

Traduit de l'Italien, par l'Auteur.

PARIS,

CHEZ L'AUTEUR.

—

1844.

Toulon. — Imp. d'Eug. AUREL, place St-Pierre.

PRÉFACE.

A notre retour des voyages dont il est question dans ce livre, et quoique sous l'influence du paroxisme des fièvres qui ont si cruellement tourmenté nos heures de travail, oubliant nos souffrances, et dans l'unique pensée d'être utile au public, nous nous sommes hâtés de reproduire en français l'essai que nous avions publié à Corfou en 1842.

Un récit exact, fidèle et consciencieux de ce qui nous a le plus frappés dans les lois, les usages et les mœurs des Orientaux, est ce que nous offrons à nos lecteurs en dédommagement des fables et des commentaires superflus dont nos prédécesseurs les ont si pauvrement enrichis. Selon nous une relation historique doit être simplement le résultat d'un jugement sain, d'une observation profonde réfléchie et soutenue.

Quiconque écrit ses voyages sans se bien pénétrer des devoirs sacrés de l'historien, ou qui, insouciant sur les

conséquenees de son œuvre , laisse er-
rer sa plume au gré de sa poétique
imagination , ne peut faire qu'un ro-
man inutile, quand il n'est pas ridicule
ou nuisible. La vérité seule est du do-
maine de l'histoire , et c'est tromper
ses contemporains, abuser de leur cré-
dulité que de la falsifier au profit du
style et de l'invention.

Or, si en nous renfermant dans les
conditions que nous impose d'une manière expresse l'importance de notre
sujet, nous parvenons à éclaircir certains doutes que des rapports infidèles
et mensongers de la plupart de nos
illustrations littéraires ont introduit
dans les esprits les plus clairvoyans,
sur le caractère des peuples de l'Orient
et la voie à suivre pour les associer à
notre politique, à nos intérêts et à no-

tre avenir, nous aurons atteint notre but, et par conséquent acquis la noble récompense due à nos fatigues et à nos travaux.

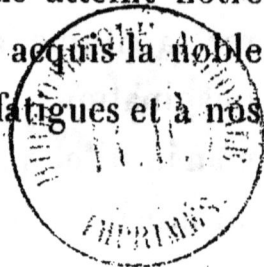

MÉMOIRES

CRITIQUES

SUR L'ORIENT.

Se gratter le front dans une position méditative, pour échauffer son cerveau et en faire jaillir la pensée rebelle, c'est bien la manie de ceux qui écrivent, mais cela ne constitue pas un écrivain. Aussi n'ai-je pas la prétention de m'élever si haut en donnant un essai sur mon voyage en Orient. D'ailleurs cet essai n'est autre chose qu'une relation simple et fidèle de ce que j'ai vu, et non une invention de poète dont l'imagination, toujours altérée, a besoin de voir des merveilles où il n'y a qu'une froide et misérable réalité. De là tous ces contes renouvelés des *Mille-et-une-Nuits*, qui séduisent notre esprit, excitent notre curiosité et nous poussent, ivres de joie, de bonheur et d'espérance, vers ces contrées où, à notre grande surprise, nous ne trouvons qu'une vie de déception, d'ennui et de regrets, au lieu de cette vie si douce et si voluptueuse, tant vantée par nos illustres écrivains.

Après avoir visité la majeure partie des contrées de l'Europe et celle du pôle arctique, me trouvant en quarantaine à Trapani, port très connu de la Sicile, je m'embarquai sur un navire grec pour me rendre à Athènes, capitale de la Grèce, DITE RÉGÉNÉRÉE. Le navire était d'une belle et majestueuse construction; il chargeait du sel dans ces parages. Je fis l'accord de mon passsage, que je payai fort cher, avec un hydriote, capitaine du brick, et je montai à bord sans autres formalités. Mes compagnons étaient des réfugiés italiens, qui, ayant parcouru une grande partie du globe, voulaient se

rendre dans ces contrées offrant du moins,
à défaut de ressources, un asile aux hommes politiques ; je ne saurais affirmer si
c'est par calcul ou par sympathie. Il est incontestable qu'un petit peuple peu fortuné,
se trouvant circonscrit dans une petite terre, affecte volontiers de faire cause commune avec la foule des réformateurs du jour.
Notre voyage fut très heureux, car, malgré
les petites îles et les rochers, qui sur tous
les points divisent les eaux de l'Archipel,
et sont autant d'obstacles et de périls pour
les navigateurs, nous arrivâmes en six jours
au Pyrée (port d'Athènes). Le capitaine,
homme courageux mais sans expérience (ce
qui est rare parmi les Grecs), préféra nous
exposer à être engloutis, que de suivre les
avis donnés par moi de diminuer de voiles,
lorsque le vent augmentait ; et cela autant
par entêtement que par un coupable excès
d'orgueil et d'amour-propre qui, au reste,
est le caractère distinctif de la plupart de
ces peuples. Aussi arriva-t-il un instant où
la violence du vent fut telle que, sans l'audace du pilote, nous étions perdus sans espoir aucun. Le temps changea très rapide-
ment, et à travers tant d'abîmes, nous dé-

couvrîmes enfin le port. Que les périls auxquels nous venions d'échapper par miracle
soient la conséquence obligée de l'ignorance
de certains hommes de mer, cela se comprend; mais ce qu'on croira difficilement,
c'est que, dans notre position, ils prove-
naient moins de l'inhabilité du capitaine
que de sa folle présomption. Il aurait indu-
bitablement préféré s'engloutir avec ce
gros brick, à lui appartenant, et entraîner
tous les passagers dans son naufrage, que de
devoir son salut et le nôtre à mon expérience
et à mes conseils. Le Pyrée a la figure d'un
demi-cercle allongé, et ressemble à une el-
lipse coupée, dominée par de petites et riantes collines. Ce beau golfe est assez grand,
mais dans l'intérêt du commerce que peut
offrir aux étrangers une ville située près de
la mer et par les facilités que la nature offre
à un peuple de mariniers, on aurait mieux
fait d'y fonder la nouvelle Athènes.

A peine arrive-t-on sur ce nouveau continent, qu'une foule de cabriolets et de fia-
cres vous entoure, les cochers se disputent
avec acharnement pour conduire les voyageurs à Athènes, qui est à une lieue et de-
mie du port, et par conséquent, on doit

courir pendant une heure, sur une mé-
chante route tracée par les ingénieurs bava-
rois. Dans l'été, la poussière vous étouffe,
et dans l'hiver la fange rend ce sentier presque impraticable. La nouvelle Athènes a été
réédifiée, comme chacun sait, sur les ruines
de l'ancienne, par ordre du roi de Bavière,
qui jouit d'une grande réputation d'homme
de lettres en Europe. En agissant de la sorte,
il a mérité la qualité d'antiquaire qu'on lui
attribue, et montré à son fils que, s'il lui
est permis de régner en Grèce, il ne doit
jamais perdre de vue le nom et la gloire que
ces peuples ont su acquérir dans l'antiquité.
Quoiqu'il en soit, je suis fort embarrassé
pour donner mon avis sur ce qui a rapport
à l'architecture et à l'ordre symétrique de
cette métropole. Le seul talent qu'ont eu les
architectes destinés à ces travaux a été celui
de laisser intacts les vieux édifices ; le reste
est un massif de maisons construites à la
moderne ; entassées les unes sur les autres
ou éparpillées çà et là, offrant à la vue le
simulacre d'un grand village. *O tempora, o
mores.* Le peuple grec est courageux, très
actif et industrieux, si ces éminentes qualités étaient secondées, leur sort, dit-on, s'a-

méliorerait ; mais malheureusement pour ces descendans de héros, on ajoute que leur prince, malgré toutes ses bonnes intentions, le mérite de sa personne et de son esprit, ne peut, à cause de sa jeunesse, se mettre toujours d'accord avec ses administrés. A notre avis, ce sont des plaintes mal fondées et de fausses suppositions. Nous nous plaisons, au contraire, à résoudre le problème en faveur du roi Othon. Les Grecs ont constammment la manie de se déclarer contre son régime gouvernemental, tout en jouissant d'une liberté qui dégénère en licence. Pour que les peuples soient heureux sous la dynastie monarchique, il conviendrait peut-être qu'ils fussent dirigés par un prince national, lequel n'est jamais étranger aux habitudes et aux mœurs de ses sujets. C'est ainsi que l'on pourrait atteindre au véritable but ; mais où trouver un gouvernant parmi les Grecs, après l'assassinat du comte Capo-d'Istria ! Quelles que soient les raisons données par l'opposition pour excuser de pareils attentats, ce sont des actes qui creusent des plaies profondes, et ne peuvent que ralentir la civilisation.

Mon séjour à Athènes ne fut pas long ; on

y est mal logé tout en payant fort cher. Ne
sachant que faire et ne trouvant pas d'occu-
pation dans un pays qui n'offre aucune res-
source aux artistes musiciens, après avoir
visité les antiquités, je m'embarquai sur le
bateau français qui se rendait à Smyrne,
que les fanatiques appellent le Paris du Levant. Après la traversée, nous arrivâmes
dans ce lieu qui, indépendamment du grand
golfe ou port fait par la nature, offre de bi-
zarres constructions communes, du reste, à
toutes les autres villes de l'Orient. C'est vraiment grotesque de voir, parmi ces bâtimens
irréguliers et ces nids de pie, de grands
édifices qui restent ensevelis dans de petites
ruelles qui se croisent en tout sens, de sorte
qu'à chaque instant on croit se trouver dans
une juiverie. La population de Smyrne est
composée de tout ce qu'il y a de plus gros-
sier parmi les Francs de la race lévantine, à
l'exception des négocians étrangers qui, malgré eux, sont forcés d'être en relation avec
de pareilles gens. Je m'arrêtai quelques jours
dans cet endroit qui ne peut faire naître que
de l'apathie, de l'ennui et donner des étour-
dissemens, puis je partis donc pour Constantinople.

On a tant parlé de la capitale de l'Empire
Ottoman, qu'il fallait bien y aller en quit-
tant Smyrne. Cependant le type de l'intérieur est toujours le même en Turquie, où
l'on ne voit que fumier et ordures. Il
n'y a de beau que la nature du sol à Constantinople, à Smyrne et dans toutes les autres villes de l'Orient qui servent de niche à
plusieurs centaines de milliers d'hommes;
mais, malgré tout ce que nous venons de
dire, on est vraiment étonné de voir ce port
immense, encadré par de très belles collines qui offrent à l'œil d'un observateur un
mélange de mosquées, d'obélisques, de col-
lonnes et de demeures presque toutes en
bois, d'une construction recherchée et pré-
sentant une perspective riante et un ensemble qui a quelque chose de magique. La di-
vision des deux mers, la terre d'Asie du côté
opposé du Bosphore, détroit grand et majestueux, de vingt mille italiens de longueur,
dont les bords, les collines, les belles campagnes et les villages qu'on y rencontre, à
pen de distance l'un de l'autre, embellissent
toute l'étendue du canal. Une quantité immense de maisons en bois se succède sans
interruption; dominées par ces mêmes vil-

lages, elles paraissent bâties sur la mer, et présentent, à droite et à gauche, un coup-d'œil magnifique. En un mot, ce grand panorama, tout en excitant l'imagination, a le privilége de satisfaire la curiosité. Les résidences impériales qui s'élèvent comme des tours sur les deux côtés de ce bras de mer, les pagodes, les tours, les casernes, et une grande quantité de palais et de harems, qui appartiennent aux pachas, aux visirs et à tous ceux *non so che* qui composent la famille de la cour orientale, offrent un mélange de beau et d'agreste dont on aime à s'énivrer. Nous avons jugé inutile de faire mention de l'architecture, il n'y a réellement dans le Bosphore que des maisons de bois. Il en est de même à Calata et à Péra, on rencontre cependant quelques médiocres édifices et les magasins qui ont été bâtis par les Européens pour y déposer leurs marchandises.

Stamboul, ou Constantinople, présente en même temps, dans le lointain, un continent dominé par des collines qui récréent la vue. Sur chaque point, les belles perpectives, en renouvelant ces positions riantes, vous arrêtent et donnent à l'homme le désir de les

parcourir sans qu'il soit possible de se douter du labyrinthe dans lequel on se trouve
dès que l'on met pied à terre. Indépendamment des entraves et des ordures qu'on rencontre si souvent dans cette ville, il est
vraiment pénible, pour nous, d'être obligés
de faire observer que la capitale, ainsi que
toutes les autres cités du Levant, contient
parmi les habitans un grand nombre d'Européens de différentes nations, de divers
cultes et de mœurs variées qui se repous-
sent tour-à-tour et, guidés par l'intérêt, s'é-
crasent mutuellement.

A la grandeur de Constantinople, à la
beauté du sol, à ce luxe asiatique qui éclate
de tous côtés, et pour compléter cet admi-
rable panorama il faut ajouter les divans et
les palais impériaux, à cause de leur construction compliquée et bizarre.

Les idées de réforme avaient déjà commencé dans le Levant, et les embellissemens
qui ont été faits par le dernier sultan Mahmoud brillent partout où le regard se pose.
Son tombeau est grandiose, bien différent
en cela de ceux de ses ancêtres : il a été
construit en six mois, dans une position
agréable qui domine Stamboul et la rési-

dence du séraskier. Il est tout incrusté de marbre blanc au dehors et d'une belle forme, des jardins où l'on voit des inscriptions taillées dans le marbre et beaucoup d'autres choses, concernant les usages des Musulmans, sont attachées à ce tableau.

L'église de Sainte-Sophie est un monument digne de la grandeur romaine; mais malheureusement mutilé aujourd'hui.

Le pont mobile, situé sur les eaux du port, le même qui réunit le quartier des Francs à celui de Constantinople, sans être élégant, est aussi grandiose que solide. Aucun impôt n'a été mis sur cette immense population pour en supporter les frais, le sultan s'y est oppposé fermement, en soutenant que le trésor public doit suppléer à tout ce qui peut contribuer au bien-être du peuple : maxime noble chez un Turc qui, d'après la constitution de ses états, est maître absolu de la vie et de la fortune de ses sujets. Ce pont s'ouvre au centre et donne passage aux vaisseaux qui, dans l'hiver, entrent dans ce vaste arsenal, unique au monde par sa position topographique. Tout, absolument tout, par son originalité, est curieux et digne d'observation; des bateaux d'une

nouvelle construction et en grande quantité couvrent continuellement les eaux du
Bosphore et offrent sur mer un mouvement
qui ne cesse dans la ville qu'avec le jour.

Les beautés dont j'ai parlé jusqu'à présent s'évanouissent sitôt que l'on met pied
à terre, et qu'on commence à parcourir le
quartier des Francs et celui de Constantinople. Les rues sont incommodes, sales et en-
combrées d'une troupe de chiens qui restent
couchés de tout leur long et en interceptent
le passage. Pendant la nuit ces gardiens
étranges deviennent assez dangereux, puisqu'ils attaquent les habitans, et pour s'en
garantir, il faut être pourvu de lanternes et
de gros bâtons, autrement l'on risque d'être
dévoré, ce qui est arrivé à quelques mahométans qui, infidèles à la loi du prophète,
se sont endormis au coin d'une borne, après
maintes libations pour se réveiller Dieu sait
où.

Les cimetières sont tellement répandus
qu'ils se confondent avec les jardins dans les
plus grandes places de la ville. Les Turcs,
les Arméniens et les Grecs les traversent à
toute heure pour raccourcir leur chemin, et
chaque maison contient le tombeau de la

famille dans un petit jardin arran é exprès,
rempli de saules et d'inscriptions taillées
dans des morceaux de marbre qui se trouvent pêle-mêle parmi les arbres destinés à
conserver le souvenir des dépouilles mor-
telles. Voilà la source de cette peste qui fait
tant de ravages et qu'on ne conçoit pas en
Europe. Cependant il y a bien des années
qu'on s'est occupé d'établir un bon système
de quarantaine; l'infection ne se reproduit
pas périodiquement comme en Egypte, et
bien qu'à Constantinople on enterre les ca-
davres à chaque pas en creusant superficiel-
lement la terre. La peste endémique et an-
nuelle d'Alexandrie reste à bord des navires
arabes et les immenses masses d'hommes
qui circulent dans la Capitale de cet empire
végètent, comme je viens de le dire, au milieu des morts.

En été, le séjour de Constantinople, malgré tous les inconvients que nous venons de
citer, est très salutaire et le plus beau du
monde, car le flux et le reflux des deux
mers et le parfum suave qui émane des collines riantes dont on est environné rendent
la respiration facile et la vie agréable. En
hiver les maisons de bois et les mauvaises

routes rendent cette Capitale inhabitable.
Je n'oublierai jamais à cet égard l'impression
que j'éprouvai en voyant chez un négociant
maltais une paire de bottes d'une épaisseur
considérable et qui devaient atteindre l'ab-
domen de celui qui les portait. Je lui demandai s'il s'amusait à aller à la chasse? Il
me répondit en souriant; ces meubles sont
ici indispensables dans l'hiver, un Européen
qui n'en a pas a bien de la peine à se tirer
de la fange, et il peut s'exposer à une pleu-
résie à cause de l'humidité de l'atmosphère
et de la saleté du sol.

Parler du fanatisme des Turcs, de leur
usage, de leur manière de vivre et de bien
d'autres préjugés qui donnent le mouvement
à cette grande population, ce serait tomber
dans un labyrinthe dont on ne pourrait sortir. Pour tout ce qui concerne l'administration et les formes du gouvernement, il est
surprenant que malgré les innovations que
l'influence européenne a cherché d'y introduire, on en ait tiré jusqu'à présent peu ou
point de profit. En effet, outre les change-
mens que le dernier sultan a introduit dans
le costume de l'armée qui est équipée à l'européenne, on observe une certaine modifi-

cation dans l'habillement des grands fonctionnaires; on a substitué à l'ancien turban
le *fessi* rouge, orné d'une longue et large
touffe de soie bleue; la veste est faite à l'italienne, et l'uniforme a été converti en une
redingote de drap bleu. Qu'est-ce qu'il y a
de nouveau dans tout le reste? Le *far niente*
et la luxure forment le caractère des Orientaux : il faut espérer que le temps, ce grand
maître des choses humaines, en abattant
plus tard le colosse du préjugé, détruira
l'insouciance et l'apathie orientales beaucoup
plus nuisibles aux Mahométans qu'aux Européens domiciliés dans ce pays. Un usage
modéré du café, peu de parfums, moins de
tabac, point d'épiceries dans leurs mets et
un système mieux entendu pourraient donner un jour de l'énergie à ces hommes qui,
se trouvant bien constitués, respirent un air
salutaire. L'humidité qui est si nuisible en
hiver aux Européens est tout-à-fait familière
aux Turcs, particulièrement à ceux de la
basse classe, qui, presque sans vêtemens,
se promènent nu-pieds; ces individus bra-
vent le mauvais temps avec ces pantouffles
et ils sont forts et bien portans. L'habitude
a un grand pouvoir chez les indigènes en

Turquie, car un étranger mourrait s'il n'était
pas mieux habillé et surtout mieux chaussé,
tandis que les Turcs engraissent en se re-
muant dans la fange et dans l'humidité qui
s'exhale des murailles des maisons, lesquelles se trouvant tout en bois, au lieu de repousser la pluie s'en imbibent et en gardent
le levain, jusqu'à ce que les rayons du soleil parviennent peu à peu à les dessécher.

En été il n'y a aucun séjour plus riant que
celui de Constantinople. Les différentes
nations qui s'y trouvent rassemblées,
présentent une affluence singulière qui ne
peut que distraire; outre les vastes prés
émaillés de fleurs qui environnent la cîme
de Péra, où va se promener celui qui aime
à jouir des beautés de la nature, on ne doit
pas négliger de traverser les eaux du Bosphore pour se rendre à Buyuderé, position
délicieuse située vis-à-vis l'embouchure de
la mer Noire. C'est là que se réunissent tous
les ambassadeurs, les étrangers, les riches
Arméniens et les Grecs pour se délasser et
s'éloigner en même temps de la confusion
dans laquelle on vit à Constantinople. Il est
vrai que les courans du canal en rendent le
passage très difficile lorsque le vent est

frais; mais les raïs sont très habiles et sa-
vent, avec leurs longs canots, surmonter
tous les obstacles. D'ailleurs, si la perspective des deux côtes est intéressante par les
belles résidences qui se succèdent sans interruption, et par la beauté des collines qui
s'élèvent sur les rives ; ce n'est pourtant pas
là le Bosphore si facile à traverser même
dans l'été. Ordinairement le matin, la mer
est tranquille, mais dès que s'élève le vent
du *jour*, les eaux grossissent et tout en bouil-
lonnant sans cesse du côté des parties divergentes du continent, elles forment des
tourbillons nombreux que les bateliers n'o-
sent pas franchir. Dans ce cas il faut suivre
la côte d'Asie, placée à l'abri du vent qui
part de l'embouchure de cette redoutable
passe appelée *bocaso* et qui, de la mer Noire,
se jette dans le canal de Constantinople.

Buyudéré, ce lieu de plaisance, est toujours animé par la présence du corps diplo-
matique et par des dames grecques ou arméniennes (celles-ci sont fort belles et cel-
les-là très fières) qui, toutes seules, se promènent à travers les champs, s'asseyent par
terre, et, en caressant leurs petits chiens,
boivent le café dans ce séjour champêtre, à

2

l'ombre d'un grand arbre transformé en sa-
lon par l'industrie turque. Cette simplicité ,
cette candeur et le respect que les hommes
ont pour le beau sexe en le laissant en pleine liberté, font naître des idées romantiques.
J'étais en extase, et dans mon ravissement ,
je ne manquais pas de faire des réflexions
sur la différence qui existe entre les Orientaux et les peuples civilisés relativement aux
mœurs.

Chaque jour je faisais des visites aux ministres étrangers qui sont très accessibles
dans le Levant, je m'amusai pendant quelques *mois* dans ce séjour enchanté, et ensuite
je m'embarquai sur le bateau à vapeur qui
partait pour Alexandrie.

Les affaires d'Egypte ont fait trop de bruit
en politique pour ne pas conduire mon lecteur dans ces contrées mystérieuses. Des bateaux français , d'une belle construction ,
croisent les mers du Levant, et tout en abrégeant les distances, offrent aux voyageurs les
soins et les avantages qui distinguent une
grande nation, et honorent en même temps
son excellente administration. Le bateau à
vapeur qui me transporta à Syra , port de la
Grèce , ressemblait à une frégate. C'est le

point de réunion des navires français, anglais et italiens qui croisent dans ces mers et font en même temps le commerce du Levant. A Syra, on change de bateau pour se rendre à Alexandrie : ce voyage qui autrefois était fabuleux, vu les difficultés que les eaux de cette mer présentent aux pilotes surtout dans l'hiver, se fait aujourd'hui quelque temps qu'il fasse. A la vue du port qui ressemble à toute autre chose, à moins qu'on ne veuille donner en Orient ce nom à une langue de terre entrecoupée par la mer, nous fûmes obligés de louvoyer pendant la nuit à cause de l'orage et de la tempête qui s'éleva du rivage. Le pilote le plus habile n'ose avancer dans ces parages que dans le jour. La flotte du Pacha et une multitude de navires marchands surprennent les voyageurs, et quand on réfléchit que tous les bâtiments sont exposés au caprice des vents (cette rade est sans abri), cela excite la compassion des hommes du métier. Cette armée navale est d'une nouvelle date; car d'après les renseignements certains que j'ai recueillis, il paraîtrait que les vaisseaux et les frégates ont une singulière nomenclature et sont faits exprès pour opposer une résistance, plutôt par le nombre que par la force réelle, à la flotte ottomane qui, si elle n'a pas assez de marins et de bons officiers, a du moins été construite par un ingénieur habile; bien armée et bien équipée, cette flotte pourrait se mesurer avec les vaisseaux de toute autre nation. Où sont les amiraux? Quels sont les officiers de la flotte égyptienne? C'est vraiment plaisant. Un très petit nombre de pilotes, échappés de la côte de Sorrento, du royaume de Naples et d'autres lieux, sans expérience et sans aucun talent, voilà les hommes destinés à dominer les vagues et à donner l'impulsion à la guerre si le pacha voulait l'entreprendre. Il faut se rendre en Orient pour voir jusqu'à quel degré le fanatisme et l'ostentation poussent les Musulmans.

La ville d'Alexandrie n'est pas l'ancienne, mais la moderne rebâtie par les Arabes, ou bien par ceux qui la commandaient dans ce temps : elle est placée à côté d'une île et vis-à-vis de la mer. Les bâtimens sont composés de briques mal entassées les unes sur les autres; elle est entourée de tous côtés par de petites cabanes pauvres, boueuses, qui servent d'asile aux malheureux.

Les bazars, ces longues et larges allées
ordinairement à demi couvertes, sont des
routes où l'on pénètre avec difficulté, à
cause du mouvement qu'occasionne le passage continuel, et le commerce des Arabes;
de sorte que la foire dans les bazars de l'O-
rient est quotidienne, au lieu de durer huit
jours comme c'est l'usage en Europe. A Tunis et à Constantinople ces allées sont *très*
larges, d'une grande hauteur et garnies en
même temps d'objets précieux et rares; par
exemple on y trouve de la fort bonne laine,
des tissus à l'usage des orientaux, des schals
de Perse, des perles, de l'argent, de l'or et
des diamants d'un très grand prix. Les bazars d'Alexandrie ne vous offrent rien qui
soit remarquable en fait de luxe ou d'objet
recherché, et cela, parce que les Arabes
n'ayant pas d'argent s'en passent, et que,
parmi les Européens un très petit nombre
serait à même de faire emplette de ces
marchandises.

Après avoir parcouru de petites ruelles
qui ressemblent à une juiverie, à côté de la
marine, on entre dans le quartier des Francs.
Tout-à-coup une grande place, de la figure
d'un carré allongé, se présente à l'œil du

spectateur ; elle est entourée de beaux édifices, grandioses même, et construits à la moderne, dont la plupart appartiennent à Ibrahim-Pacha. Dans le centre de ce rectangle,
l'on découvre un pygmée, chef-d'œuvre d'un
malheureux qui, sentant en lui l'inspiration
d'un architecte, a surpassé de beaucoup la
stérilité qui caractérise le dernier de nos ou-
vriers. On me demandera ce que j'entends
par ce pygmée, eh bien, on a voulu élever
une fontaine, mais malheureusement on ne
voit encore qu'une conque posée sur un piédestal d'albâtre oriental, au milieu de laquelle s'aperçoit un très-petit obélisque. C'est
vraiment fâcheux, car, pendant le séjour
que j'ai fait dans cette ville, j'ai eu occasion
d'apprendre qu'il ne manque pas d'hommes
d'une certaine capacité, spécialement parmi
les consuls ; mais il paraît qu'une désunion
règne entr'eux à cause des priviléges, et
pour cela, ils ne sont presque jamais d'accord avec les autres négocians, aussi se sou-
cient-ils peu que l'étranger fasse des criti-
ques sur tout ce qui les concerne, et leur
reproche, en même temps cette paresse qui
n'est point admissible dans une classe de
personnes intelligentes qui pourraient don-

ner le ton à cette colonie. Il suffit que l'on
fasse attention aux œuvres publiques de Me-
hemet Ali, pour que les Européens soient
honteux de ne pas avoir achevé cette fontaine qui pourrait leur donner une eau saine
en reproduisant par le moyen des canaux,
celle du Hélz qui, agitée continuellement
dans son passage, n'aurait pas besoin de l'a-
lambic dont se servent les Egyptiens et les
Francs pour filtrer les eaux de la rivière
dont ils s'abreuvent. Je ne saurai dire autre
chose sur le mérite de cette population, ex-
cepté que des troupes de Français, d'Italiens, de Maltais et même d'Allemands, qui
n'avaient rien à faire dans leur pays, y sont
venus pour y gagner leur vie. La réunion
d'une grande partie de ces gens, produit
une altération dans la société, dont on doit
se méfier.

Extrêmement souffrant et accablé par la
monotonie qui domine ce séjour de malheur,
l'on m'engagea d'aller au Caire, où l'on prétend que la terre n'est pas aussi marécageuse
que celle d'Alexandrie; du moins il n'y a pas
de salines, et par conséquent le climat est
plus sec. Dans cette incertitude, l'espoir
d'une amélioration me détermina à visiter

la résidence de Méhémet-Ali. Je payai bien
cher la vue des Pyramides, en me trouvant
au milieu de ce chaos, et de tout ce qui est
relatif au grand Caire.

Dans une position qui n'est pas loin d'A-
lexandrie existe un petit port sur le Nil appelé Mahimoudich, c'est là qu'on s'embar-
que pour traverser ce fleuve. Par bonheur,
j'étais en compagnie d'un frère cordelier
toscan qui connaissait la langue arabe. Il me
fut facile de fréter une barque et nous par-
tîmes ensemble pour la capitale du royaume. Le vent nous fut favorable, et dans trois
jours nous serions arrivés à notre destina-
tion si l'apathie et la misère de ces raïs
n'eussent été un obstacle à notre navigation. Les conducteurs de ces navires ne mar-
chent pas pendant la nuit pour pouvoir re-
cruter le matin dans les villages les malheureux Arabes qui les attendent de bonne
heure sur les bords du Nil. Triste condition
de ces peuples ! Les satellites du Pacha les
tourmentent de manière que jusqu'aux plus
petites ressources tout leur est extorqué.
Ces malheureux ont beau s'industrier pour
améliorer leur triste condition; il n'y a point
de remède : les agents des interprètes de

Méhémet-Ali renouvellant la fable d'Anthée
qui luttait contre la mer, s'élèvent à chaque
instant contre eux. Une bande de vautours
surveille les malheureux journaliers et tous
ceux qui possèdent quelque chose; dès qu'ils
s'aperçoivent qu'il y a du bonheur dans quelques familles, ils arrachent de leurs mains
ce pain mouillé de sueur pour les forcer à
accepter un morceau de pâte cuite sous la
braise, sans sel et sans levain; autrement
des coups, et ce qui est pis, sous la plante
des pieds. Cruauté inouie ! On ne croira pas
que les agens du Pacha en abusant de l'au-
torité qu'on leur accorde, forcent les pauvres paysans d'acheter les herbages de ses
terres au prix qu'ils veulent, et il arrive très
souvent que les revendeurs en les débitant
éprouvent une perte sur le capital ; ce monopole n'empêche cependant pas aux Européens de vendre les denrées qu'ils reti-
rent de leurs petites terres. Comment signa-
ler ces fripons qui ne font qu'obscurcir la
gloire du régénérateur de l'Egypte. Il y a des
gens qui crient contre la pétulance des Arabes, je demande ce que feraient d'autres
peuples ainsi traités. On me répondra : mais
les Arabes ne sont pas civilisés. Quand à

moi ce sont des mots qui n'ont pas de valeur. Quel est l'auteur des misères qui
affligent tous ces hommes, qui les énerve,
qui les abrutit, qui les écrase à toute
heure et à chaque moment ? Celui qui
commande. L'homme n'est pas né pour être
humilié, et celui qui se propose de le diri-
ger s'il n'a d'autre but que de l'habituer à
l'esclavage par les voies de la terreur, ne
peut que mériter le mépris du genre humain
et finir tôt ou tard par être la victime de son
despotisme.

Le voyage d'Alexandrie au Caire est bien
long ; il s'agit, je crois, d'une distance de
soixante-dix lieues environ. Les bords du
fleuve sont beaux et se présentent sous des
formes variées. A droite et à gauche on découvre de petits villages qui renferment
quelques demeures passables, le reste est
un amas de cabanes de terre ou de fange
peu différentes des huttes dans lesquelles
on enferme le bétail en Europe.

La navigation du Nil a ses beautés et ses
inconvéniens. Cette rivière est assez dange-
reuse car son lit vous présente un zig-zag
continuel, ce qui fait que les vents sont va-
riables, ainsi que les courans. Le seul moyen

de salut qui reste aux mariniers lorsque le
vent souffle et que les eaux grossissent, c'est
de heurter avec la proue contre la terre du
rivage, qui, se trouvant imbibée d'eau, la
reçoit facilement. De cette manière, le navire reste attaché à la boue; on s'arrête pour
attendre que le vent diminue ou change.
C'est alors qu'il est permis de reprendre la
navigation. Les travaux et les fatigues que
les Arabes supportent pour pouvoir retirer
la barque de cette position sont extraordinaires. Tout-à-fait nus, ces forts Egyptiens
se jettent dans l'eau et avec le dos repous-
sent la partie extérieure du navire; ils s'animent en criant, et l'excès du travail les ex-
pose à une sueur froide qui compromet leur
existence toutes les fois qu'il s'agit d'accomplir un tel travail. Il est certain que l'œil du
navigateur, tout en admirant ce courage, ne
peut qu'en avoir pitié, en voyant à quel
prix l'on doit traverser le Nil. Les eaux sont
très douces, et bien que la couleur s'approche du café au lait, cela n'empêche pas que
le voyageur en soit ravi.

On pourrait réduire ces souffrances, ces
peines en protégeant le commerce dans l'intérieur.

Le lit du fleuve n'a pas toujours la même profondeur, mais l'on pourrait construire de petits bateaux à vapeur, ainsi que l'ont fait les Anglais pour faciliter leur commerce de la Compagnie des Indes ; dans ce cas là les voyageurs ne seraient pas attristés par le spectacle que nous venons de décrire, et les matelots ne se trouveraient par forcés, lorsqu'on monte la rivière pour se rendre au Caire, de supporter de pareils tourmens. Tout est subordonné au désordre dans ces lieux barbares, et il n'y a de réglé que ce qui vient du hasard. Voilà pourquoi un mal est presque toujours le préliminaire d'un autre, et les pauvres Egyptiens doivent ramper le ventre contre terre, ainsi que des serpens sans pouvoir se plaindre.

Je reviens à mon voyage. Le premier jour nous arrivâmes à Athfé, petit port situé sur les bords du Nil où l'on rencontre un hôtel passable, des bazars, quelques maisons d'agens consulaires et plusieurs magasins. D'un autre côté existe le village qui est le domicile spécial des esclaves. Je fus tout étonné le matin du grand mouvement qui se présentait à la vue et de l'activité avec laquelle les indigènes transportaient le blé

sur le rivage opposé. Je voulus connaître à
qui appartenaient de pareils chargemens,
et l'on me dit : tout cela est au Pacha. En
même temps il y eut des Européens qui vou-
lurent bien me dévoiler le grand secret du
commerce clandestin que Mehemet-Ali a
exercé et exerce encore dans ces pays-là, indépendamment du ravage de ses officiers
subalternes, il n'est pas difficile de concevoir que les bras des Européens, dont il a su
tirer et tire encore un parti convenable, ont
donné à ses marchandises le débouché nécessaire. Nul doute que le Pacha ne s'y soit
très bien pris, car il a augmenté considé-
rablement ses capitaux en ayant soin de to-
lérer ces courtiers francs et les autres étrangers, parmi lesquels il y a un certain M. N.
qui a un étalage de prince. Ce fanatique, en
s'occupant des affaires du vice-roi, sans per-
cevoir aucun émolument, se fait jusqu'à
cinquante mille dollars par an. Il n'est donc
pas extraordinaire que Méhémet-Ali ait ac-
cordé et accorde des facilités à bien des gens
répandus en Egypte ; il ne saurait faire autrement, car la nature de ses affaires l'exige.
D'ailleurs le Turc n'est pas assez niais pour
ne pas savoir ce qui convient à sa rapacité

et à son intérêt ; en un mot , sans l'appui du commerce, les conseils et l'influence des riches négocians européens, domiciliés en Egypte, le pacha n'aurait pas atteint le degré de crédit et de richesse dont il jouit maintenant. On présume encore que bien des envois sont passés sous main aux agens de son commerce en Europe, pour assurer l'introduction de l'indigo , du coton , du blé , du riz et d'autres productions, afin d'éviter les impôts et de détruire la contrebande. Le pacha, par sa finesse , puissamment secondée par les stratagèmes de ses adhérens, a pu triompher de la bravoure et de la perspicacité des Arabes, et à force d'intrigues et d'or, il les conduit comme il veut. Ses largesses calculées lui ont créé un parti assez fort pour éblouir ces hommes qui aiment à juger en aveugles. Il est incontestable que le nouveau pacha a dû s'élever au-dessus de ses prédécesseurs, en paraissant faire cause commune avec les Européens, mais sa renommée n'est pas placée si haut qu'on ne doive ajouter foi aux louanges multipliées des journaux de France, qui ont fait trop de bruit dans ces derniers temps. Tout le monde connaît déjà que ces Messieurs ont été trompés par les ministres, et d'autres ont été séduits par les Français établis sur les lieux qui avaient un intérêt immédiat à le favoriser. A présent le talisman est tombé, parce que le temps, que les anciens Egyptiens représentaient sous la forme d'un serpent qui mord sa queue, a appris aux peuples policés quel est le véritable train des affaires sur la terre des Pharaons, et de quelle trempe a toujours été le dominateur des Egyptiens. *Veritas et semper veritas.*

GRAND CAIRE.

Le grand Caire est une ville très ancienne, d'une construction arabe, c'est-à-dire que ses rues sont très étroites et sans pavés. Les maisons sont spacieuses dans l'intérieur et très hautes; cela préserve, dans l'été, les habitans des grandes chaleurs. Toutes ces circonstances, en donnant de la fraicheur, offrent aux indigènes un abri contre les rayons du soleil , les insectes et l'humidité qui forment le véritable caractère des terres marécageuses de l'Egypte, à cause des canaux creusés par l'inondation du Nil , et tout-à-fait abandonnés à la simple nature. A chaque pas l'on rencontre des fossés remplis d'une eau sale et noirâtre qui exhalent des miasmes pestilentiels qui s'allient avec les exhalaisons du Nil , et les vents dominateurs de ces vastes plaines.

J'arrivai au Caire vers la fin du mois de novembre 1841, et, malheureusement pour moi, en traversant le Nil je fus atteint par l'ophtalmie et les fièvres intermittentes. En ville pour ce qui concerne le mal des yeux en six jours je m'en délivrai. Les fièvres périodiques ne me quittèrent pas si tôt, et j'en aurais été victime, si je n'avais pris soin d'éviter les rechutes. Quand je croyais être bien portant, les accès recommençaient en se succédant d'une manière peu rassurante , de sorte que je fus accompagné par les fièvres quotidiennes jusqu'au lazaret de Syra. C'est un souvenir fatal pour moi qui ai ha-

bité longtemps les contrées les plus froides
de l'Europe sans souffrances , et cependant
il m'a fallu payer ma témérité pour avoir
voulu visiter le berceau de Phébus.

L'Egypte qui autrefois a été le siége des
arts et des sciences , qui a été si florissante
du temps des Romains , aurait essentielle-
ment besoin d'être dirigée par un homme
capable et humain, qui , au lieu de faire pe-
ser un joug humiliant sur les malheureux ,
ferait beaucoup mieux de les préserver des
infections qui les suffoquent. Par exemple ,
l'on devrait abattre les dattiers pour les
transplanter à une certaine distance les uns
des autres , car ces peuples en tirent un
grand parti indépendamment du fruit. Avec
les feuilles et le bois de ces arbres, les Egyptiens font des corbeilles assez belles , des
cannes et des meubles surprenans que les
voyageurs achètent à un prix très-modique.

Déssécher les campagnes près de la mer ,
construire les barrières nécessaires pour
isoler les salines, établir une police municipale, quoique malheureusement, même en
Europe, elle ne soit pas partout en exercice,
donner asile aux pauvres , plutôt que de les
forcer à vivre comme des nègres, renfermés

dans de méchantes cabanes de terre, paver
les rues intérieures de la ville, vu l'abondance du marbre et des pierres, planter des
vignes qui donneraient du raisin délicieux,
et par conséquent un vin excellent, germe
de la gaîté et très souvent le soutien de notre existence et de notre santé; voilà des
améliorations à introduire.

Quelques Européens établis en Afrique
ont déjà fait ce dernier essai dans les petites
terres qu'ils possèdent. Il est défendu aux
Francs d'acheter des propriétés, mais cela
ne les empêche pas de boire le vin de leurs
jardins et d'en régaler leurs compatriotes.
Voilà ce qui pourrait rendre ce pays floris-
sant et en faire le rendez-vous de ces hommes qui cherchent dans l'émigration les
moyens de s'affranchir de la misère qui dé-
sole depuis longtemps notre belle Europe.

Est-il possible de croire qu'en Egypte,
en Turquie et dans les autres pays du Levant, la peste ne fasse pas de ravages. Si indépendamment des ordures que l'on rencontre à chaque pas, les habitans sont très
mal nourris, et par dessus le marché, boivent de l'eau. Il est vrai que Mahomet l'a
recommandé dans son Alcoran, mais ce

n'est certainement pas pour la conservation
de la race humaine qu'il l'a fait. Nous sommes d'avis qu'il s'y est pris pour mettre un
frein à la chaleur qui accable les Arabes et
tous les peuples de l'Orient, pour empêcher, nous aimons à le répéter, l'élan que
cette boisson donnerait à ces peuples et les
habituer de telle manière à supporter patiemment les concussions et les actes arbi-
traires qui se succèdent sans relâche sous
le règne de leurs pachas. Reste à savoir si
la polygamie a pour but la destruction ou
la conservation de l'espèce humaine. La *pé-
dérastie* et beaucoup d'autres vices ne sont
guères utiles à l'homme ! Et pourtant je crois
qu'un usage modéré du vin ôterait aux Mahométans cet engourdissement d'esprit qui
les met au niveau des bêtes brutes. Mais
que dis-je, les Arabes doivent manger de la
pâte azyme cuite sous la braise. Dans un
pays très chaud, par l'usage des boissons
toniques et excitantes, il est possible d'affronter les miasmes et les infections de l'atmospère. Pour appuyer notre opinion nous
citerons un exemple qui s'est passé sous nos
yeux dans l'hôtel où nous étions logés au
Caire. Ce vaste local avait, au rez-de-chaus-

sée, un emplacement qui était destiné aux
capitaines qui traversent le Nil, connus sous
le nom de *raïs*, et à d'autres individus de la
classe moyenne : parfois ces gens se réunis-
saient dans les salons en question et y pas-
saient les nuits entières à chanter et à boire
du vin et de l'eau-de-vie. C'est étonnant,
mais comme il n'en est pas de même tous les
jours, cela les soulage, et ce délassement les
fait sortir momentanément de cette léthargie dans laquelle ils sont condamnés à vivre. Il faut en convenir, notre vie est courte
et monotone, elle est subordonnée à la nature et il s'en suit que, quand l'impulsion
vitale est affaiblie, la matière rentre dans la
matière, et l'âme poursuit son immortelle
destinée....

Il y a dans le Caire des ânes en grande
quantité, et, sans exagérer, je n'ai jamais
rencontré dans mes voyages des bêtes plus
grosses et mieux constituées que celles-ci.
Les ânes d'Alexandrie, au contraire, sont
petits, maigres et très souvent teigneux. Il
est évident que cette race d'animaux pros-
père plus dans les endroits chauds et loin de
l'influence de la mer qu'ailleurs. Le commerce de ces quadrupèdes est encore une

branche d'industrie pour les Arabes. En ar-
rivant dans le port du Caire, appelé Bola-
quet, on voit des bandes nombreuses de ces
animaux avec leurs selles et prêts à recevoir
le premier cavalier qui paraît. Les Egyptiens
ayant d'excellentes jambes, les suivent en
courant et servent d'interprètes aux voyageurs, car on trouve fort peu de ces conducteurs qui ne parlent un peu le français
ou l'italien. Au demeurant, ces ânes sont
très utiles à l'homme en lui procurant une
gymnastique qui, d'après l'avis des médecins, est presque indispensable pour faciliter la digestion, tout en abrégeant les distances. Le prix de ces transports est si modique que tout le monde s'en sert, et une
foule de chevaux et d'ânes encombrent à
toute heure les rues du Caire. Quant à ces
premiers, il n'y a que les gens comme il
faut qui les montent. Il est vraiment beau de
voir ce généreux animal, qui d'ordinaire en
Europe est tourmenté par un mors dur, dirigé par un tout petit filet; de telle sorte
que les Arabes et les Européens ne se servent pas d'éperons. Les selles et les étriers
des Turcs sont de telle forme que l'homme se trouve bien assis et ferme sur ses

étriers, par conséquent il peut reprendre son
équilibre en s'arrêtant ; mais la mode, en ce
cas là, est en opposition avec les vieilles
habitudes, ayant pour but tout ce qui est
naturel et solide La mode seule a la préro-
gative de tout détruire et de tout renouveler
malgré nous.

En observant avec attention l'ensemble
du Caire, il ne peut que nous étonner. Il
n'est pas croyable que les anciens aient construit de grands bâtimens placés dans de petites ruelles qui n'ont pas plus de trois pieds
et demi de largeur. Les premiers étages sont
tous composés de grosses pierres coupées et
placées les unes sur les autres ; ainsi l'on
voit ces étroites allées contenant des deux
côtés de très hautes murailles qui paraissent
se toucher, mais qui cependant en imposent
à l'étranger. Pour se former une idée d'un
labyrinthe, on n'a qu'à voir le Caire, qu'on
pourrait appeler aujourd'hui la nouvelle Ba-
bylone. Il est certain que quand même un
Européen l'aurait habitée long-temps, il ne
pourrait le parcourir sans s'égarer.

Le costume du peuple en Egypte est simple et modeste. Les vieillards portent encore
le turban, et les jeunes gens *le fessy* rouge

sur la tête. Ils vont nu-pieds, voilà pourquoi les cordonniers ont très peu à gagner
avec les pauvres gens. Le contraire existe à
Constantinople. Lorsqu'on se rend à Galata
et à Pera (le chemin est très long), on ne
voit à droite et à gauche que des cordon
niers, des tailleurs et des artisans en tous
genres. Cela prouve beaucoup en faveur du
sultan, car s'il est despote, il n'exerce pas
son pouvoir absolu contre les indigens, mais
seulement contre les Grecs et les Arméniens
qui, par leur avarice et par leur méchanceté,
s'enrichissent toujours. Leur effronterie est
devenue insupportable, même aux Turcs.
Aussi, le sultan ne les perd pas de vue, car
souvent ils sont condamnés à partager avec
lui leurs richesses, autrement la justice ottomane les attend. L'affaire du cordon et
celui de l'échalas rendent sages les fripons,
quoique aujourd'hui ce supplice n'ait plus
lieu. Mais comment pénétrer dans les mesu-
res d'une telle police?

Buyudéré est une résidence agréable en
été, à cause de ses campagnes, bien qu'elle
soit située vis-à-vis l'embouchure de la mer
Noire. C'est là que se réunissent les ambassadeurs et toute la haute aristocratie. Je le

répète encore, je fus ravi, non seulement
de la beautés des femmes arméniennes, mais
aussi du luxe asiatique qui éclatait dans leurs
simples et riches costumes. C'est une char-
mante vue que celle de ces aimables femmes chaussées aussi élégamment, quelques-
unes portent des pantoufles de brocard
d'or, ces petits pieds feraient probablement
tourner la tête à plus d'un ermite. L'habillement des Arméniens est curieux. Ils portent toujours le manteau en couleur, ainsi
que tous les grands personnages en Turquie. Une robe de chambre assurée par un
cordon à la ceinture est leur habit ordinaire;
les culottes sont faites à la musulmane et les
bottines en peau rouge très-pointues. Cette
chaussure forme la marque de distinction
entre les Turcs et les Arméniens. Les Turcs
portent les bottines en couleur jaune. Les
Arméniens couvrent leur tête d'un feutre
noir qui ressemble à un globe aérostatique ;
c'est un cône coupé du côté où il le coiffent.
Leur maintien grave s'approche beaucoup
de celui du chameau, et ce qui est pis, c'est
que la plupart de ces Messieurs sont bossus.
On dirait que cette bosse est la conséquence

du poids de ce globe allongé qu'ils ont toujours fixé sur leur tête.

On se demande si les témoins de ce spectacle peuvent s'empêcher de rire. Cependant
ces beaux masques se rencontrent à chaque
instant à Constantinople; les Arméniens,
dit-on, sont les dépositaires des richesses
de la Porte ottomane. Il fut un temps où
Messieurs les ambassadeurs, fatigués de leur
luxe et de leur audace, et ne pouvant plus
supporter ces caricatures ambulantes, firent entendre au sultan qu'il était nécessaire
de réprimer tant de scandale, vu que ces
Messieurs se donnaient le ton de vouloir
éclipser par leurs formes extérieures les ministres et la noblesse étrangère qui se trouvait à la campagne. Le grand Turc saisit toutes les occasions pour mettre à contribution
leur bourse, et il les fit disperser en mena-
çant de faire trancher la tête à celui qui
oserait encore importuner le corps diploma-
tique. Je ne sais si cela est arrivé. Aussitôt que
la rigueur eut cessé, les riches négocians,
par précaution, changèrent de campagne,
et pour être à l'aise, les Grecs et les Arméniens s'en allèrent à l'île des Princes, à cinq
lieues de Constantinople. Les dépenses qu'ils

font dans ce lieu sont extraordinaires ; un
étalage de grandeur se succède sans interruption. Je voulus visiter cette île célèbre et
je dépensai assez d'árgent en trois jours, y
ayant vécu toutefois très-modestement. Ce
séjour me fit tomber dans de profondes rê-
veries poétiques. La liberté dont on y jouissait à toute heure et qui est diamétralement
opposée aux habitudes des Musulmans, et
l'affluence du monde dans les cafés et dans
les redoutes, où les dames et les cavaliers se
promènent pêle-mêle; par là les connaissances
y sont bientôt faites et les jours s'écoulent
sans qu'on s'en aperçoive. Les belles Arméniennes sans masques, les jolies Grecques et
d'autres dames européennes rendent gai et
brillant ce séjour de luxe. Tant d'élégance ,
tant de variétés me tenaient en extase. En
un mot , le tout se confondait et en se renouvelant sans cesse formait un tableau sé-
duisant.

Je reviens au Caire. Nous avons dit que
les Arabes de la basse classe vont nu-pieds.
Leur costume est composé d'un manteau de
toile ou de laine bleue, attaché parfois à la
ceinture , et les culottes sont coupées à la
musulmane , mais ils portent en sus un gi-

let à la grecque, grossièrement brodé. Les
femmes ont également une tunique en laine ou en toile bleue, mais en marchant leur
sein brun se découvre, ce qui produit un ré-
pugnant effet. Sur cette espèce de tunique,
il y a toujours un méchant manteau bleu
qui leur cache la tête et le reste du corps.
Les dames en Turquie et même les Arméniennes qui forment une partie de la branche aînée parmi les grands, ont le visage
couvert d'un petit masque composé d'une
blanche et fine mousseline, mais pour les
Arabes le masque est noir, ce qui est grotesque. Le nez de ces femmes est couvert
d'un petit tuyau garni de bagues de laiton
et d'autres métaux, auxquelles sont attachées plusieurs monnaies flottantes. Cette
mode ressemble à celle du collier de sonnet-
tes que nos mulets portent suspendu sur
le front. Etrange et ridicule costume. Et
pourquoi tout cela, pour cacher la figure
des dames et non la poitrine, car d'après ce
que nous venons de dire, parmi les Egyp-
tiennes de la classe populaire, on voit flot-
ter au milieu de l'ignoble tunique, ce que
toutes les femmes, par modestie, cachent
soigneusement. La cérémonie du mariage

est aussi très curieuse. La fiancée paraît en
domino, ou enveloppée de la tête aux pieds
d'un drap de soie verte ou d'autre étoffe, qui
par le moyen d'une gaine leur serre le cou,
de manière que le visage reste tout à-fait
couvert, à l'exception des deux petits trous
faits exprès pour voir la lumière. Le front de
l'épouse est entouré de pierreries façonnées
qui forment une couronne, symbôle de la
virginité ; les doigts sont garnis de bagues
fausses, mais ce qui concerne les ongles des
mains et la plante des pieds est original !
Les extrémités sont toujours imbibées d'une
couleur violette, leurs bas de la même couleur sont brodés à l'aiguille. Les poignets
sont garnis de bracelets d'argent, et de
plomb pour les pauvres ou de laiton. La
fiancée s'en va au bain tellement transfor-
mée qu'elle ressemble à une chauve-souris,
accompagnée par d'autres femmes, elle traverse les rues au milieu de ce cortège, sous
un baldaquin soutenu par quatre Arabes, et
suivie par d'autres femmes, par le peuple et
par un tintamarre de tambours, de fifres et
d'autres méchants instruments qui écor-
chent le tympan de quiconque se trouve sur
leur passage. On ne peut rien dire des céré-

monies religieuses, car leurs mosquées sont
impénétrables., aussi bien que leurs. mystè-
res à l'époque de leurs réunions et de leurs
drôleries. Parmi les cérémonies religieuses ,
il y a encore celle de la Circoncision. Un
beau jour je rencontrai à Constantinople un
crieur public qui repoussait la foule, en me
retournant je découvris plusieurs chevaux
richement harnachés sur lesquels étaient des
enfans de sept à huit ans en grand costume
ottoman ; je demandai ce que cela signifiait,
et l'on me répondit : ils vont se faire cir-
conscire En Egypte cette cérémonie, indépendamment du cortége dont il est question, est précédée d'une châsse qui renferme les instrumens nécessaires pour l'exécution du sacrifice, mais il faut croire que
ce reliquaire renferme bien des choses allégoriques, car il m'a paru bien grand et rempli d'instrumens de différentes formes et de
différentes dimensions.

Nous nous plaisons à dire quelques pa-
roles à l'endroit des chameaux. Tout le
monde sait que l'Afrique en est remplie.
Nous en avons rencontré à Alger, à Tunis
et en Egypte, mais ceux des côtes mariti-
mes sont trop maigres et cela repousse la

curiosité des observateurs ; dans cette ville,
au contraire, les chameaux sont gras, ce
qui fait qu'ils inspirent de l'intérêt. L'intelligence et la force de cet animal sont remar-
quables. Un mot de leur conducteur suffit
pour qu'ils s'asseyent de manière que leurs
jambes semblent figurer une arbalète , et
dans cette position, ils se laissent charger à
volonté. Un chameau supporte le poids que
trois mulets pourraient transporter. Parmi
les avantages qu'il offre à l'homme, il y a
celui qu'en traversant les déserts il résiste à
la soif pendant sept jours, ayant, dit-on,
dans le gosier, des vases pour conserver
l'eau et s'en servir au besoin. Prodigue et
sage nature que n'as-tu pas prévu pour le
bien-être du genre humain. Tout est cal-
culé, tout forme une branche de cet ordre
immuable que nous admirons sans le comprendre , vu que notre entendement est
trop faible ou trop borné pour pouvoir découvrir les impénétrables secrets du créa-
teur. Grand Dieu, ta toute puissance, tes
desseins, tes œuvres en disent assez aux
mortels pour qu'ils soient bons, charitables
et amis entr'eux ! Malheureusement sur la
terre il arrive tout le contraire, car l'homme

dominé par ses passions est souvent l'animal le plus farouche.

« Point de paix ici-bas, point de repos au monde :
« Les corps sont les vassaux, le mouvement est roi!
    « Et l'inconstance qu'il féconde
    « En est le principe et la loi. »

On trouve encore en Afrique les dromadaires qui ressemblent en quelque sorte aux chameaux. Mais au lieu de marcher lentement, ils sont très-légers à la course, ce qui ne fatigue pas le cavalier qui les montent.

Je ne parlerai pas des crocodiles, car nous en avons aussi en Europe; cependant on sait que ceux du Nil sont très nombreux, principalement dans la haute Egypte, et comme leur horrible forme est connue, je me bornerai à rapporter ce que j'en ai ouï dire. On prétend que ces monstres, dès qu'ils voient un individu l'arrêtent en pleurant et cherchent en même temps à l'attirer par leurs gémissemens, puis le renversent avec leur queue, et le malheureux devient ainsi victime de leur voracité. Le crocodile, dit-on, n'attaque jamais deux hommes à la

4

fois; il s'en suit donc que l'amphibie est un excellent calculateur.

La marche adoptée par Méhémet-Ali dans l'administration de ses états est dictée par sa fine politique; voilà pourquoi il y a peu d'exemples de sang répandu et d'actes atroces commis dans son royaume, à l'exception de celui des Mamelucks, qu'à l'époque de son avénement il eut soin de réunir dans la citadelle pour les faire mitrailler. Qu'on nous permette une disgression à ce sujet. Les Barbares qui ont été les contemporains de Napoléon, tels que Mahmoud, le dernier sultan, et Méhémet-Ali, ont su trouver le moyen de s'affranchir du joug qui, depuis long-temps les opprimait: le premier en se délivrant de la fatale influence des janissaires, et le second de celle des Mamelucks; avec cette différence que Mahmoud, quoique turc, a été très humain, très généreux envers ces peuples, et franc et charitable envers les Européens qui habitent l'empire ottoman; mais le pacha d'Egypte a tiré parti de son émancipation seulement pour s'enrichir. Il a négligé les indigens et les Francs en raison de cette apathie qui est si nuisible à l'humanité quand on veut obtenir de bons résultats.

On a beaucoup déclamé sur la fierté qu'I-brahim-Pacha a montré dans la dernière guerre. Nous ne pouvons rien dire sur la conduite qu'il tint lorsqu'il se rendit à la Mecque par ordre du sultan. Cependant le résultat fut favorable à la Porte, mais Dieu sait à quel prix. A présent, il faut distinguer, et si l'on devait le juger sur les apparences qui ne sont pas en sa faveur, il ne serait pas facile de deviner le reste. On prétend qu'à Damas, à Alep et dans bien d'autres villes de la Syrie, il assistait quelquefois aux repas des notabilités indigènes, et, après le dîner, sous un prétexte quelconque, faisait trancher la tête à celui des convives qu'il soupçonnait n'être pas de bonne foi. On dit encore qu'il est tourmenté continuellement par l'envie et par la jalousie. Je ne saurais garantir la véracité de ces bruits, car pourrait on justifier la cruauté qu'il a poussée jusqu'au point de faire écarteler les femmes enceintes et jeter aux chiens leurs membres ainsi que le fœtus que ces malheureuses portaient dans leur sein ; si ce fait est vrai, comment l'absoudre ! Les Arabes en ont peur et

le craignent comme les mortels redoutent la
foudre de Jupiter. On dit encore qu'il ne
succédera pas à Méhémet-Ali, attendu que
la Porte ne l'aime guère. Après toutes ces
données, son royaume ne pourrait qu'être
inondé de sang! Ibrahim-Pacha n'est point
du tout tolérant envers les Francs, auxquels
il doit cependant sa richesse et son élévation. Qui sait dans quelle position pourraient se trouver les Européens, si après la
mort de son père, il réussissait à s'emparer
des rênes du gouvernement.

Ibrahim-Pacha est immensément riche; il
a su s'emparer de ce qu'il voulait et il possède
une grande portion de l'Egypte. Sa maison de
campagne, située dans le voisinage du Caire,
est très intéressante et bâtie presqu'à la moderne; tous les pavés sont en marbre blanc, et
chaque carreau est de deux pieds carrés, les
parois intérieures sont également, ainsi que
les escaliers, en marbre massif. Tout est en
relation, tout est proportionné aux exigen-
ces d'un tel propriétaire. J'ai visité sa maison pendant son absence, et je dois faire
observer qu'elle était mal tenue au-de-
dans et au-dehors. Chose étrange! car les
Turcs poussent la propreté intérieure jus-

qu'au fanatisme. On ne respire dans leurs
demeures que des parfums et des odeurs qui
deviennent insupportables aux Européens.
Des allées précèdent ce château, elles sont
assez larges et garnies d'arbres régulière-
ment plantés ; chaque point de vue vous an-
nonce la résidence d'un grand pacha. Les
allées et le palais qui est situé sur les bords
du Nil ne fixent plus l'attention quand on
se rend dans le jardin situé sur la rivière.
Tout le monde disait que c'était une chose
surprenante et cela me faisait rire. Mais
après, j'ai dû me persuader qu'on pouvait
visiter avec bien du plaisir un pareil jardin.
Des murailles très hautes s'élèvent sur l'eau,
les fondemens ayant été jetés dans le Nil.
Ces murs forment une île qui a été bâtie spécialement pour contenir l'emplacement du
jardin, où, sans exagérer, est réuni tout ce
qu'on peut souhaiter de beau, et qui soit à
même de satisfaire la curiosité d'un homme
intelligent et par conséquent capable d'ap-
précier les beautés artificielles réunies sur
ce point. Viviers, jardins anglais, potagers,
labyrinthes formés par des arbres de différentes espèces, mille et mille nouveautés
vous étonnent et vous amusent. Du côté

opposé, dans un coin du même jardin, l'on découvre un bâtiment tout incrusté de marbre blanc qui a la forme d'un temple. Les grottes et les couchettes qu'on voit dans l'intérieur de l'édifice sont aussi embellies par des coquillages de plusieurs dimensions, de différentes couleurs assortis avec beaucoup d'élégance. De petites collines artificielles, des ponts dressés sur l'eau et bien d'autres objets de caprice qu'il serait long de détailler vous arrêtent et vous occupent sans relâche; mais ce qui est surprenant, c'est de voir un jardin artificiel fondé sur la rivière. A Rome, à Naples et dans bien d'autres villes d'Europe, il y a des délices de cette nature qui arrêtent le voyageur; mais elles ne sont pas suspendues sur l'eau. J'avoue qu'en me promenant, je découvris au bout l'autre muraille et j'en fus émerveillé; car tout cela a été organisé dans la position où la rivière s'élargit beaucoup. Dans mes voyages en Hollande, à chaque pas j'ai eu occasion d'observer ce que l'art a su faire sur ces terres marécageuses, c'est-à-dire que les villes, les canaux et tout ce qui est saillant dans ce pays-là a été fondé et édifié sur les lagunes comme dans la singulière et

belle Venise, avec la seule différence que les
eaux de la Hollande sont putrides et sta-
tionnaires, et que celles du Nil, par leur ra-
pidité, paraissent repousser le corps qui
s'oppose à leur mouvement continuel.

J'aurais tort de ne pas citer une circonstance concernant la politesse d'un égyptien
qui me fut désigné pour cicerone et guide ;
ce jeune homme m'adressait souvent la parole, il voyait que je ne le comprenais pas
et en riait ; mais dans les passages difficiles,
il me donnait la main en me soutenant avec
beaucoup de bonne grace. Je me rappelle
avec plaisir cette heureuse rencontre. Il en
résulte, ce me semble, que les Egyptiens,
non Bédouins, sont propres à la civilisation;
je l'ai dit et je le répète, c'est un peuple assez perspicace, généreux et brave et on pourrait en tirer un grand parti. Ce n'est pas la
même chose chez les Turcs ; ceux de l'empire sont tant soit peu stupides, et pour le
moment incapables de toute sorte de progrès. Pour ces hommes, la grandeur consiste à vivre dans la mollesse; accroupis au
milieu des odeurs et en fumant la nuit et le
iour, ce qui les rend lourds et paresseux.

La confusion, le désordre que l'on ren-

contre dans les rues du Caire est tout-à-fait
insupportable; les hommes, les chevaux,
les chameaux, les ânes, les mulets, les char-
riots et les chiens rendent impraticables les
sentiers du centre de cette ville et à chaque
moment on risque de tomber. Les Egyptiens
à cheval, pour peu qu'ils soient distraits,
vous jettent par terre. Si l'on marche à pied
il faut aller sur le qui vive, regardant de tous
les côtés, afin de se garantir des coups et
autres accidens de ce genre.

Le climat du Caire est très chaud en été,
on est forcé de combattre la gravité spécifi-
que de l'atmosphère, les insectes et une
grande poussière. Pendant l'hiver la température, quoique douce, est tellement va-
riable que d'un instant à l'autre on est sujet à gagner des points et les fièvres. La raison en est simple, dans ces jours de prin-
temps il se lève tout-à-coup un vent humide
et froid qui vous pénètre la moëlle des os,
or ce passage subit du beau temps au vent
en question vous abat et vous rend malade.
Je citerai à cet égard deux exemples qui se
sont vérifiés chez moi; le premier fut celui
de m'être rendu pour mon agrément dans
un jardin quelques jours après mon arrivée

au Caire, le ciel était serein et j'y restai jusqu'au soir. Sitôt rentré à l'hôtel, me voilà
attaqué par les fièvres, par un grand mal
de tête et par l'ophtalmie qui dura une
semaine. La précaution d'être sorti à cheval
ne me fut d'aucun profit. Le second cas fut
pour moi un coup de foudre. Le matin du
12 octobre 1841, à huit heures, j'allais dehors pour me rendre dans la ville chez une
personne de distinction. C'était un jour que
soufflait ce petit vent subtil et froid, je m'en
aperçus et j'accélérai le pas, je fis ma visite
en tremblant, de manière que la personne
qui m'avait très bien reçu me pria de ren-
trer le plus tôt possible à la maison. J'eus
bien de la peine à m'en acquitter, car la
tête me pesait tellement que je marchais
comme un fou. Je fus attaqué par le froid,
par la parylisie, et par un mal de tête insupportable qui ne me quitta pas avant
quatre jours. Je crois que c'est bien assez
pour prouver que ce ne sont pas des pays
habitables par un europésn. Cependant
l'Egypte en est pleine; cela n'est pas surprenant, car ceux qui ont besoin de pain,
ne font pas attention à tant de minuties in-
vraisemblables au premier abord. Voilà le

motif pour lequel on y va au hazard dans
l'espoir de se sauver de la misère ; et dès
qu'on est arrivé sur les vieilles terres de Sé-
sostris, l'amour du profit fait mépriser les
périls qui se présentent , et la fin de tout
cela c'est la mort de la plupart de ces personnes qui bientôt sont atteints les uns par
les fièvres, les autres par l'ophtalmie, quel-
ques-uns par la dyssenterie et la plus grande partie par la peste. Avis au lecteur....

Pour que la vérité puisse triompher, il
est essentiel de savoir qu'elle est la marche
adoptée par le pacha d'Egypte envers les
Européens employés à son service dès qu'ils
sollicitent sa protection. En spéculateur
consommé il leur donne des appointemens
assez raisonnables, mais le mal consiste en
ce qu'on ne les paye pas tous les mois , car
tous les fonctionnaires publics et même les
militaires sont créanciers toujours de 18 à
20 mois de solde, et quand le moment du
paiement arrive on donne des fractions sur
le total, ce qui fait que les employés se trouvent toujours dans la même position. Le
soldat en Egypte vit en mendiant son pain.
Le pacha connaît fort bien les besoins de
ceux qui sont attachés à son service , et en

attendant il en abuse, ou il donne trop
de latitude à ses subordonnés dans l'administration, pour qu'il arrive de pareils scan-
dales. Ce sont des faits inattaquables que
nous citons et non pas des contes. On sait
que dans la dernière guerre que Méhémet-
Ali eut avec la Porte, alors qu'il se propo-
sait de remplacer le sultan, il fut arrêté dans
ses projets par ordre des puissances alliées
et contraint de se retirer en se soumettant
au Grand-Turc, il obtint seulement de res-
ter en Egypte avec le seul titre de pacha et
l'hérédité pour ses enfans qui seront dépen-
dans de la Porte, comme sujets du Grand-
Seigneur.

Dans cette occasion il fut donné un firman qui établissait d'une manière positive
le détail de l'administration intérieure de
son gouvernement, le tribut à payer à la
Porte et bien d'autres actes concernant le
soulagement qu'on devait apporter aux
Egyptiens et à tous les habitans de ces contrées. L'ordonnance qui contenait, dit-on,
une grande réforme sur tous les abus, présentait en même temps une digue insur-
montable au monopole qui est la base des
affaires en Turquie. Rédigée dans l'intérêt

du commerce, elle renfermait tout ce qu'il
faut pour améliorer l'état des choses dans ce
malheureux pays. Il est notoire que ce firman
est l'œuvre d'hommes habiles qui connais-
saient parfaitement la position des Arabes.
et il paraît qu'ils ont fait de leur mieux pour
jeur être utile. Eh bien, un concordat sanc-
tionné par l'intervention des premières puissances de l'Europe est resté sans effet.

Méhémet-Ali qui craint la funeste influence d'Ibrahim-Pacha, a caché aux peuples de
l'Egyte les favorables dispositions des cabinets et cela sous de beaux prétextes. A présent, dit-on, il n'est pas disposé à mettre
à exécution ce qui a été arrêté avec tant de
sagesse. Le Pacha est si adroit que dès qu'il
apprend l'arrivée d'un ambassadeur dans ses
états, où quelques faits qui ne lui convien-
nent pas, il se met en voyage, et en agissant
de la sorte il semble remettre l'exécution
des traités à celui qui va lui succéder après
sa mort. Il connaît la mésintelligence des
hautes puissances et s'arrange pour tirer
parti de celui qui agit dans son intérêt, il
saisit ainsi toutes les occasions favorables.
pour se tenir debout et profiter toujours du
statu quo qui le met à l'abri de toute atta-

que, circonstance qui détruit le commerce , rend de plus en plus malheureux les peuples et apporte un grand dommage aux spéculations des Européens domiciliés en Egypte.

Le voyage de la citadelle m'offrit de nouvelles découvertes. Cette place, qui est très forte par sa position géographique, domine la ville. Il est vraiment beau de voir ce grand panorama qui l'environne, c'est-à-dire le Caire et toutes les campagnes des alentours. De là on découvre si bien les pyramides qu'on semble les toucher. La partie intérieure de la forteresse est vaste, car elle renferme plusieurs établissemens, ainsi que le local ou d'habitude se réunit le divan. Ces deux bâtimens magnifiques (le premier est à Méhémet-Ali et le second à Saïd-Pacha, troisième fils du vice-roi) s'élèvent orgueilleusement au milieu des autres édifices. Saïd-Pacha qui fut bien reçu à Constantinople a été comblé d'honneurs, et il parait que la Porte le destine au trône, le jugeant fils légitime d'après l'Alcoran, et en raison de la haine du cabinet turc contre Ibraim-Pacha et contre son frère Abas-Pacha. La demeure de Saïd-Pacha est tout-à-fait moderne, d'une

construction élégante, et incrustée au dedans et au dehors d'un marbre blanc comme la neige. Cette résidence pourrait recevoir le plus grand prince de l'Europe. Saïd-
Pacha parle français, par conséquent il n'a
pas besoin d'interprète comme son père qui
affecte de ne connaître d'autre idiôme que
le turc, bien que les Albanais parlent généralement l'italien. C'est dommage qu'un em-
bonpoint extraordinaire afflige dans le prin-
temps de l'âge Saïd-Pacha; son teint est
blanc, ses manières sont agréables; il est
très affable et accessible à toute heure.

Le Caire présente à la vue un chaos inter-
minable; plus on marche, plus on découvre
de bâtimens. Le quartier qui vous conduit à
la citadelle est très peuplé; cela est insupportable à cause de l'embarras qu'occasion-
nent les chameaux chargés, les mulets, les
ânes et les piétons qui sont souvent arrêtés
par le passage des troupes de la garnison;
alors il y a un tapage diabolique, et il est
impossible de pénétrer, soit à pied, soit à
cheval, au milieu de ce tintamarre. Je n'oublierai jamais qu'une soirée, ayant perdu la
voix à force de crier, je dus me servir d'un

bâton de dattier en donnant des coups à
droite et à gauche avec acharnement pour
pouvoir me frayer un chemin. On ne voit
nulle part une aussi grande foule ; ailleurs
non plus, un étranger ne se permettrait pas
de frapper le premier venu, car on ne pourrait le souffrir. La confusion, le bruit et le
manque d'éclairage sont les raisons pour
lesquelles on ne fait attention à rien, c'est
la conséquence inévitable de la singulière
construction de cette ville.

Une grande mosquée se construit sur la
place du château. Le monument une fois
achevé sera digne d'attention. Sa base présente deux très grands carrés l'un à côté de
l'autre, ayant une communication directe
entr'eux. Les belles colonnes qui l'embellissent en ordre double sont d'albâtre oriental d'une qualité rare, et enrichies de vei-
nes transparentes. Des Italiens, des Grecs
et d'autres artistes travaillent tous les jours
aux frais du pacha. Il y a dix ans qu'on a
commencé cet édifice, et il avance si lentement qu'on ne voit maintenant que la partie extérieure des murs et les lambris intérieurs des deux côtés ne sont pas tout-à-
fait achevés On dit que Méhémet. Ali a ré-

solu de s'y faire enterrer, et à cet égard il
ne veut pas terminer la mosquée colossale
pour engager son successeur à accomplir une
si belle œuvre. Pensée éminemment finan-
cière sous le rapport de la succession. Le
projet est vaste et digne d'un être fortuné
qui a défié jusqu'à présent la politique , les
hommes et les élémens.

Nous invitons les personnes intelligentes
à se rendre en Egypte ; et nous les prions
de vouloir bien réfuter tout ce que nous venons d'affirmer avec conscience et dans
l'intérêt social, mais ce n'est malheureusement que la vérité. Il est incontestable que
le monument dont nous venons de parler
rendra éternel plus que toute autre chose,
le souvenir de ce pacha qui sans doute fera
beaucoup parler du luxe asiatique , adopté
par le décédé, mais certes les Egyptiens et
les Européens n'auront pas à se réjouir de
sa clémence, et bien moins de sa philantro-
pie. Quelle comparaison il y a entre ce que
nous venons de citer par rapport à un pareil tombeau et la fontaine qui se trouve sur
la grande place d'Alexandrie ; nous le lais-
sons décider au lecteur. C'est vraiment honteux de la part des Francs.

Indépendamment de tout ce que nous avons dit en parlant du Caire, il faut ajouter qu'il contient dans son enceinte des demeures magnifiques qu'on ne devinerait pas, car tout est rustique dans l'extérieur des maisons. Les portes d'entrée n'ont rien de beau, et quand on croit visiter une écurie à quelques pas de distance, on se trouve au milieu d'assez grandes cours qui précèdent de magnifiques palais. D'après cela il est évident que les Turcs, soit par politique, soit par habitude, se cachent aux étrangers, de telle manière que leurs esclaves même ne sont pas au fait de ce qui se passe dans leurs domiciles.

Dans la partie de la ville appelée le vieux Caire est la position la plus belle et la plus riante qui se présente dans les alentours. Voilà pourquoi tout ce qu'il y a de distingué parmi les Musulmans est casé du côté de ces bords agréables Leurs demeures ressemblent à des citadelles construites tout près du Nil, y compris les jardins, et chaque maison a le sien.

En face de la résidence de Soliman-Pacha, ancien officier de l'empire, et à présent chef de l'éat-major général de l'armée égyptienne,

5

se voit une assez belle ville appelée Giseh,
placée sur la rive droite du fleuve qui
traverse le vieux Caire. Cette ville renferme
les casernes de la cavalerie du pacha, com-
mandée par un autre colonel français sous
les ordres de Soliman-Pacha (c'est un homme distingué et ami des Francs, bien qu'on
prétende qu'il ait renié la foi). Pour aller à
Giseh il faut parcourir le Nil, qui dans ce
point s'élargit beaucoup étant intercepté
par un banc de sable au milieu. La rivière,
par conséquent, présente de ce côté-là une
grande sinuosité qui oblige les navigateurs
à revenir sur leurs pas pour continuer leur
route.

Les aqueducs ou les ponts qui partent du
vieux Caire et s'étendent jusqu'au plan supérieur de la citadelle sont fort beaux. Ces
arcades en ordre double et gothique sont
praticables au-dessus. La largeur, la longueur et la symétrie de ce monument arrêtent et surprennent le voyageur, mais je
n'aurai pas cru que cette construction eut été
d'ancienne date; car on m'assura que ce
dessin grandiose avait été exécuté avant l'arrivée de J.-C., et cela est croyable puisque
l'histoire nous apprend que les anciens

Egyptiens habitaient les citadelles , et en
général les lieux élevés pour vivre à l'abri
des incursions des barbares leurs voisins.

Le territoire des environs du grand Caire
est fertile et riant à la fois ; de distance en
distance on rencontre les demeures des pachas et des beys, avec leurs jardins qui produisent en abondance des oranges douces .
des citrons d'Italie et toutes sortes de fleurs;
il y a aussi de petits labyrinthes. En général on y trouve tout ce qu'un peuple peut
souhaiter dans le genre champêtre. Il suffit
de sortir de la ville pour voir ce bel hori-
zon de la banlieue, qui dans sa rusticité est
très intéressant. C'est dommage que la poussière n'accorde pas de trève aux voyageurs,
car l'hiver se fait sentir dans ce pays-là
précisément les jours où les hommes sont
affligés par le brouillard et par ce petit vent
froid dont nous avons parlé plus haut. Pour
ce qui concerne la poussière , l'été est per-
manent.

Le grand jardin de Méhémet-Ali est appelé Sciubra. Sciubra est un délice qui doit
être considéré comme une résidence royale.
L'allée ou la belle route qui conduit à ce
grand jardin a la longueur d'une lieue en

ligne droite, et elle est garnie de grands accacias et de figuiers sauvages, leurs fruits
ne sont point du tout à comparer avec ceux
de l'Europe, car les hommes n'en mangent
pas. Les branches de ces grands arbres s'élèvent, se répandent et se réunissent de manière qu'ils forment dans la cîme une grande voûte champêtre, et pour cela ceux qui
y passent se trouvent tout-à-fait à l'abri
des rayons du soleil. Cette magnifique pro-
menade est un préliminaire résonné des
beautés et des artifices qui tour-à-tour brillent dans ce vaste séjour.

Nous dirons quelques mots d'un éléphant
que l'on aperçoit dans une large cour dé-
couverte, qui est à quelques pas de distance de la porte d'entrée de la *Villa*. Cet animal est attaché à un arbre par une grosse
et longue chaîne en fer. La curiosité m'engagea de le voir. D'abord je commencerai
par donner une idée de la douceur et des
qualités de cet animal, puisque tout le monde sait ce que c'est qu'un éléphant. L'arabe
gardien nous fit des courbettes à la musulmane, et sans chercher d'autres cérémonies
il grimpa sur les longues défenses qui étaient
garnies d'anneaux de métal doré, et ensuite

il monta à cheval sur le cou de l'énorme
bête. Soudain il commença à jouer avec elle,
il jeta par terre ses pantoufles en l'invitant
à les reprendre ; ce que le quadrupède exé-
cuta avec sa trompe en donnant l'une après
l'autre les pantoufles au cornac : ensuite il
lui fut imposé de saluer les spectateurs,
voilà que l'animal en ouvrant sa bouche re-
mua la tête et frappa le sol avec ses pieds de
devant. L'Egyptien le piquait par le moyen
d'un fer et lui parlait à sa manière. Ce fut
alors que l'éléphant frappa l'air de sa trompe
et cria si fort que les campagnes voisines
en retentirent. Cette expérience ne put qu'in-
disposer les observateurs, mais par bonheur
l'animal reçut immédiatement l'ordre de se
coucher par terre, ce qui fut bientôt exécuté, en même temps que le courageux arabe sans quitter sa première position, c'est-à-
dire celle de se tenir toujours à cheval invi-
tait le monde à s'approcher. C'était vraiment
quelque chose d'extraordinaire que de voir
cette bête, couchée de son long, qui ne se
remuait pas. Le dernier essai m'ôta la respiration et je crus rêver. Instruire un animal
aussi lourd et aussi gros c'est mettre à une
rude épreuve le talent et l'ietelligence de ce

quadrupède qui a les jambes droites comme
des colonnes. Je laisse donc considérer au
lecteur la peine que l'arabe a dû éprouver
pour dresser un pareil élève en surmontant
avec son adresse les imperfections d'un
corps monstre. Je donnai le *bahscis* à l'arabe, *bahscis* que chaque égyptien demande
par besoin et par habitude aux étrangers, et
je partis pour le jardin.

Arrivé à la porte d'entrée je découvris un
beau prisme de marbre blanc avec ses escaliers, et j'appris qu'il était placé là pour
faire monter à cheval le pacha et tous les
gens de sa cour. La surface de la porte du
jardin est tapissée de lierre et d'autres plantes de manière que la couleur de cette belle
verdure, tout en inspirant de la mélancolie,
vous invite à parcourir cette *villa* symétrique et assez bien entendue. Je traversai la
première allée qui était couverte et entre-
lacée par différentes fleurs, et au milieu je
découvris un édifice appelé Divan chez les
Turcs. Ce bâtiment est d'une belle apparence, au rez-de-chaussée on voit des terrasses
spacieuses, dans lesquelles sont renfermés
les oiseaux les plus rares du monde. De là
on parcourt encore l'allée du centre et puis

l'on monte un long et bel escalier où l'on
trouve un coffee-house contenant plusieurs
chambres élégamment peintes et garnies
au dedans de sophas magnifiques et de
meubles analogues. En descedant par l'escalier opposé on met le pied dans une autre
allée assez longue qui laisse apercevoir à
l'extrémité la *peschiera grande*. Cet édifice
est majestueux, et l'on y monte par un bel
et large escalier de marbre blanc. Dans le
vestibule supérieur se trouvent quatre colonnes d'albâtre oriental, et l'entrée ressemble à celle d'un temple. Lorsqu'on est à la
porte, l'on passe sur une grande terrasse
couverte qui ressemble à un amphithéâtre
carré, et du côté du jardin on aperçoit de
très grandes fenêtres garnies de cristaux, et
pour leur soutien extérieur des grillages en
fer richement construits et assurés par de
petites pommes dorées qui produisent de
loin un très bel effet. Dans l'intérieur de ce
vaste local existe une forêt de colonnes de
marbre blanc toutes placées de deux à deux
qui, en s'éclipsant entr'elles, vous présentent l'idée d'un riche et brillant cloître. Aux
extrêmités de cette grande terrasse il y a
des demeures très spacieuses où l'on peut

installer à l'occasion des harems et tout ce
qui forme l'apanage des cours orientales. On
voit aussi attaché au mur de cet emplacement une large dent qui couvre les colonnes du premier étage, et sur cette table de
marbre sont sculptés en relief tous les poissons connus, et mille et mille autres caprices allégoriques. Dans les coins intérieurs
de cette *peschiera* il y a quatre lions de marbre assis sur leurs pieds de derrière qui
jettent de grandes masses d'eau. On découvre encore sur le plan supérieur de cette
large dent de petites têtes en marbre qui
présentent différens masques, lesquels par
le moyen de leurs robinets jettent de l'eau
qui jaillit en se réunissant à tous les autres
petits tuyaux et vous donnent une pluie gé
nérale. Ces eaux tombent sur la surface de
la base du premier étage qui est pavé en
marbre blanc. Dans les coins du cloître inférieur il y a des réservoirs qui recueillent
le produit du jaillissement de cette eau et le
jettent dans le bassin que l'on voit au milieu
de la cour. Ce grand réservoir forme un piédestal sur lequel il y en a d'autres qui petit
à petit en diminuant s'élèvent et sont ar-
rangés de manière qu'ils forment une es-

pèce de pyramide. Combien de caprices et
d'arabesques en marbre environnent le réservoir dont nous venons de parler. On ne
saurait le dire. Il faut convenir que ce local
est grandiose, d'autant plus qu'à cause de sa
bizarre construction, il est unique dans son
genre. Comme tout le monde comprend, il
ne s'agit pas seulement de ce qu'on appelle
peschiera en italien, mais de plusieurs longs
et larges corridors qui composent les deux
étages contenant des demeures magnifiques
et tout ce qu'on peut souhaiter dans un château royal. Voilà le cas dans lequel les con-
seillers du pacha ont su faire employer à
propos les beaux marbres dont l'Egypte
abonde. La partie champêtre de ce grand
jardin est aussi intéressante et variée. Les
allées se croisent entr'elles, ayant toutes une
relation symétrique et bien entendue; de
temps en temps on voit des berceaux de
verdure qui représentent des chambres, des
divans, des grottes et des collines artificielles. Des coffee-house à la chinoise, en bois
cannelé et peint supérieurement, s'élèvent
sur divers points. En résumé, tout, en for-
mant harmonie, charme la vue et vous
amuse continuellement.

Or donc, si la *ville* d'Ibrahim-Pacha a son mérite pour avoir été construite dans le centre du Nil et par son originalité, celle de son père n'a rien à céder à la sienne en fait de magnificence et de richesse; d'autant plus que malgré les gros murs qui soutiennent la première, lesquels présentent une largeur de six pieds carrés au dehors de l'eau, le Nil souvent couvre et inonde le jardin, et par conséquent tout ce qu'il y a d'artificiel est détruit, pour être arrangé et ravivé à l'époque de la décroissance des eaux. Il est facile à concevoir que les frais de l'entretien de ce jardin sont énormes et supportables seulement par la bourse d'Ibrahim-Pacha.

Je revins à la citadelle. On me conduisit dans la ménagerie des bêtes féroces, c'est-à-dire dans une redoute de vieilles maisons où sont enfermés six lions enchaînés qui se promènent sans relâche dans le petit emplacement à eux destiné, en secouant leurs fers et jetant de leurs yeux le feu et la rage, comme s'ils disaient à l'homme, à quoi avez-vous réduit le roi des animaux. Plusieurs léopards forment le cortège de ces bêtes féroces. Il paraîtrait qu'elles ont été réunies dans cette enceinte à la place des sentinelles avancées de la garnison. Certes, ce n'est pas sans raison qu'on les a enfermés dans cet endroit, d'autant plus qu'à quelques pas de la première porte du château, il n'y a point de corps-de-garde. En cas de guerre ou d'insurrection, si l'on mettait en liberté ces farouches hôtes, il est facile de juger qu'il en coûterait bien du sang avant qu'on put les tuer.

Les Egyptiens ont une parcimonie particulière en tout ce qui concerne leur vie domestique ; ils se nourrissent de peu et s'habillent, comme nous venons de le dire, à l'instar des anciens philosophes ; mais cela n'empêche pas que les plus pauvres prennent très-souvent une petite tasse de café sans sucre, et par conséquent très amer, ce qui donnerait à un Européen des convulsions et des attaques nerveuses. Chez les Arabes, l'habitude contractée dès leur enfance a surmonté ces mouvemens qui causeraient à un Franc des maux de tête et des coliques. Voilà comment on explique que l'homme s'habitue petit à petit, même au poison, et finit par le braver.

Industrieux et perspicace, l'Egyptien exé-

cute des travaux avec les feuilles et les branches du dattier, et avec d'autres élémens
que lui offre le territoire. Il vend ces petits
meubles à un prix assez modique, et s'y prenant de la sorte, le malheureux supporte
patiemment le poids de la verge dont l'ac-
cablent Messieurs les interprètes du pacha,
qui, quelque dur qu'il soit, ne doit pas être
au fait de tous les détails dont nous avons
parlé jusqu'à présent et les sanctionner. Nous
pardonnerons tout cela en raison de son
âge et dans l'espoir que son jeune fils saura
développer cette énergie qui manque absolument à l'ensemble des affaires d'Egypte.

Dans tout le Levant, les changes de monnaies
ou *seraffi* sont très riches. Nous avons déjà
dit qu'à Constantinople les Arméniens et les
Grecs s'occupent généralement de ce commerce scandaleux. La friponnerie de ces
gens aurait besoin d'un frein et le gouvernement turc devrait promulguer des lois sé-
vères contre les rogneurs de monnaies ; car
c'est pitoyable de se voir dévaliser à chaque
pas par une bande de voleurs qui bap-
tisent les monnaies rognées et celles qui
sont passées par l'eau forte à volonté. Il ne
s'agit pas que les cas soient rares ; à toute

heure, à tout moment précisément dans
l'Egypte ; on a des raisons assez fortes pour
changer une pièce. C'est si vrai que les
marchands qui ont été si souvent attrapés
par cet indigne monopole ne veulent pas les
accepter quand même on achète chez eux
des objets pour la moitié de la valeur de
l'argent qu'on leur offre. Dans le Caire, où
la famille de Jacob est très nombreuse, il y
a de quoi devenir fou quand il faut changer
une pièce, soit d'or ou d'argent, de juste
poids. D'ailleurs, nous n'avons jamais vu
autant de monnaies rognées qu'en Egypte,
et ce qui étonnera le lecteur, elles étaient
de toutes les dimensions. Ce commerce se
fait rarement chez les Turcs, car le premier
individu qui reçoit de l'autre une pièce ro-
gnée ou qui manque de poids, va tout de
suite le dénoncer au gouverneur, et sitôt
qu'on a reconnu l'affaire, celui-ci reçoit des
coups de bâton bien comptés et bien appli-
qués sur la plante des pieds. Il résulte de
tout cela que la piraterie en question se réa-
lise seulement parmi les Européens, dont le
plus grand nombre est israélite.

MM. les consuls, aidés par le gouvernement, devraient empêcher ce grand abus

pour lequel nous sommes d'avis que si l'on
donnait un exemple, cela ouvrirait les yeux
à tous ces vampires qui sont au guet pour
écorcher leur prochain. Nous sommes persuadés qu'il est presque impossible de détruire tout-à-fait ce qui forme la source de
la richesse parmi ces brigands; mais du
moins on aurait une trêve. D'ailleurs, comment s'y prendre dans un pays où il n'y a
pas de système ni de loi pour les Francs,
parce que leur discipline est confiée au bon
plaisir des représentans des différentes nations, lesquels ne peuvent agir que d'après
leur impulsion morale et jamais par la force
matérielle. A cet égard, nous sommes forcés
de citer encore une fois Méhémet-Ali dans
l'affaire des *Seraffi*.

Il est à observer que l'abus dont nous venons de parler est assez grand en Egypte, et
même les méchants prétendent qu'il y a une
espèce de convention tacite entre les usu-
riers et le pacha. Nous sommes bien loin de
le croire; mais il faut noter que pendant
notre résidence au Caire, il parut un édit
sur le rabais des monnaies étrangères, et, ce
qui surprit tout le monde, ce fut qu'on ne

fixa pas leur valeur, mais l'on en défendit le cours pendant plusieurs semaines.

Ce fut alors que les *Seraffi* devinrent formidables, et ils paraissaient vous faire la charité quand ils vous changeaient une monnaie d'or ou d'argent. Ce qui est étonnant! La loi fut telle que pas même les pièces d'or du sultan, de juste poids, n'avaient de valeur! Enfin, après beaucoup de bruit, on trouva le moyen de changer les pièces turques de 20 piastres pour 17 piastres et demi, et la même marche fut adoptée pour les monnaies étrangères. De pareilles extorsions sont épouvantables; pourtant en Egypte tout est permis, et peut-être, nous le croyons, par effet de trop de tolérance.

A côté d'une des portes supérieures de la citadelle, on trouve une petite porte cassée qui donne entrée au puits de Joseph-le-Juste. Un beau jour, j'allai le voir et j'en fus content; car les puits de cette dimension ne se voient pas aujourd'hui. L'intérieur vous arrête, car ce puits a plutôt l'air d'une catacombe, se trouvant tout-à-fait abandonné à la discrétion d'un *boab* arabe, ou d'un gardien qui, tranquillement, tire parti des étrangers qui y vont. Les rampes qui con-

duisent e visiteur jusqu'au fond du passin
sont construites commodément et large-
ment ; de sorte que si ces beaux escaliers
n'étaient pas aussi mal conservés, les dames
pourraient y descendre pour satisfaire leur
curiosité, et l'on pourrait sonder la profondeur des eaux. Mais la poussière, les ordures et tout ce qu'il y a de plus sale dans le
monde repousse le passager. Quant à moi,
je n'ai pas voulu quitter ces lieux sans me
former une idée exacte de ce grand amas de
matériaux. Je descendis dans le premier et
dans le second étage, quatrième et cinquième
en commençant par la base, et j'y découvris de grandes fenêtres d'un style gothique ;
chaque étage ayant les mêmes ouvertures,
la lumière y est assez grande. La forme de
ce puits est carrée, et la largeur de chaque
côté est à peu près de cinquante pieds. A
mon avis, l'eau que l'on voit dans le fond
provient du Nil, car la pluie ne pourrait lui
en donner que quelques gouttes. C'est vraiment drôle, il ne pleut presque pas dans ce
pays-là, et quand la pluie tombe, elle dure
quelques heures ; de manière qu'il fait une
toute petite pluie pendant une journée, ou
il pleut à verse pendant quelques heures ;

voilà pourquoi la première et la seconde, au
lieu de donner du profit, ne fait que pro-
duire de la fange dans les rues; ce qui est
cause que les chevaux, les chameaux et les
ânes tombent à chaque pas, et les hommes,
en glissant, risquent de se casser bras et
jambes, s'ils ne sont pourvus de bâtons fer-
rés. Nous pouvons donc conclure qu'à Constantinople il faut se pourvoir de bottes à
l'écuyère pour marcher en hiver, et en Afrique de spontons pour se promener quand
il pleut.

Méhémet-Ali est toujours en voyage pendant l'hiver, et il parcourt le Nil dans tous
les sens, ce qu'il ne peut pas faire en été, à
cause des chaleurs insupportables. Il se pro-
mène souvent dans la haute Egypte où les
hommes sont très peu civilisés; il visite per-
sonnellement les communes; et les chefs qui
les représentent s'empressent de lui procurer le tribut qu'ils ont quêté pour impôt.
Malheur à celui qui n'a pas songé à pouvoir
satisfaire ses desirs; car même en Egypte, il
est des cas où l'on fait tomber les têtes sans
procès. Les marchandises du pacha voyagent
en poste sur le Nil et tout le long de ses
bords. Indépendamment des villages que l'on

fait, on rencontre aussi dans plusieurs échelles les camps de ses troupes avec leurs tentes et les chevaux qui sont destinés à faire le service. J'en ai vu jusqu'à seize trainant une barque qui, malgré son immense chargement, paraissait ne pas toucher l'eau, et pour que le tout aille à son gré, chaque cheval est dirigé et monté par un soldat égyptien.

Napoléon le Grand a fait voyager quelquefois ses armées en poste; il n'est donc pas étonnant que le plus adroit spéculateur du monde ait adopté une pareille mesure pour rendre plus actif le commerce de sa maison.

Des Francs m'ont assuré que Méhémet-Ali, au commencement de son règne, sortait de son palais toujours escorté par trois cents hommes à cheval, et à présent, par la grâce de Dieu et l'influence européenne, il va partout sans obstacle, et quand il est en route il n'a qu'une très petite suite; mais cela n'empêche pas les indigènes de le surveiller en attendant qu'un nouvel ordre de choses leur offre du soulagement. C'est précisément le motif pour lequel ils sont d'accord avec les Francs, et cette union, qui est avantageuse pour les Européens, donne au

pacha le moyen de faire tout ce qu'il veut.
Parmi les Egyptiens, il y en a beaucoup qui
estropient, défigurent la langue Italienne,
ainsi que celle des Turcs à Constantinople, car c'est l'idiôme que les Mahométans
ont adopté depuis long-temps pour se faire
comprendre, et moi-même j'ai ouï murmu-
rer les Arabes de la classe moyenne contre
le système absurde et violent du pacha.

Ayant cité les bazars et les chameaux de
Tunis et d'Alger, je me crois obligé d'en dire
quelque chose. De Marseille, je m'embarquai
directement pour Alger, et il faut avouer que
dans l'hiver la traversée du golfe de Lyon
est très rigoureuse pour les marins et pour
les voyageurs. Dans ma première jeunesse,
j'ai servi dans l'armée navale, et ancien officier de marine, il est certain que je n'oublierai jamais ce voyage, d'autant plus que
j'ai été obligé de le faire sur un bâtiment
marchand. Je ne reconnaissais pas cette in-
trépidité qui est le patrimoine des hommes
de mer, c'est-à-dire que ces messieurs, par
habitude, deviennent impassibles quand il
est question d'affronter la rigueur des élémens; mais dans ce voyage, j'ai dû pâlir en
voyant la consternation peinte sur la figure

du capitaine et du reste de l'équipage de ce gros brick. L'avilissement de la chiourme qui, poussée et repoussée tant par les vagues de cet orageux élément que par la pluie qui tombait à verse, était d'autant plus visible que les matelots ne l'entendaient guère entr'eux. D'un côté, quelques individus avaient l'air d'exhaler leur dernier soupir, de l'autre, on apercevait les voyageurs tourmentés par les douleurs que leur produisait l'oscillation du navire ; sur le pont où j'étais on invoquait le Tout-Puissant.

La tempête dura 30 heures et nous étions sur le point de nous abandonner à sa merci et de gagner l'île de Sardaigne ; mais la fermeté du capitaine et l'expérience de ce brave Génois furent tellement grandes qu'il voulut à tout prix attendre le changement du vent. Neptune peu à peu déposa sa rigueur, et ces montagnes d'eau en diminuant firent découvrir au navigateur la côte vers laquelle était dirigée notre proue. Quels furent les dommages que ressentit le navire ; il serait trop long d'en donner le détail, ceux qui se sont trouvés dans de pareilles circonstances pourront facilement s'en faire une idée.

Alger présente de loin la forme d'un pain
de sucre, et ce qui est surprenant, c'est que
cette terre trompe le pilote de manière qu'à
chaque bordée on croirait la toucher. Dieu
sait ce qu'il en coûte aux navires à voiles
pour en approcher, surtout dans l'hiver;
l'on n'est tranquille qu'au moment où il est
permis de jeter l'ancre. Les vents qui règnent
sur cette côte sont très violens, et il arrive
quelquefois que les roues latérales et le gou-
vernail d'un grand bateau à vapeur reculent
au lieu d'avancer. C'est le motif pour lequel,
malgré la sûreté qu'un semblable navire
peut offrir aux voyageurs indépendamment
de sa vitesse, ces mêmes bateaux sont quelquefois submergés par les fractures du mé-
canisme moteur.

Les pilotes attachés au service du port
sont très habiles et très prudens : ils s'offrent au premier capitaine qui arrive et on
est bien heureux de les rencontrer, car il y
a de quoi palpiter sans cesse avant que l'on
puisse mouiller.

Le plan inférieur d'Alger, ou la base de ce
pain de sucre, a changé aujourd'hui tout-à-
fait de face. Les rues qui du port vous conduisent dans la ville sont ornées de portiques.

à droite et à gauche et contiennent des demeures et des magasins assez élégans. L'affluence de la population qui donne l'essor à
cette colonie , les belles places qui ont été
formées parmi lesquelles se trouve la place
d'armes, où existent des hôtels magnifiques,
des cafés immenses de trois étages, des sal-
les de danse et tout ce qui peut contribuer
à l'amusement du peuple ainsi qu'au repos
d'une armée belliqueuse, sont des choses de
nouvelle date et même trop grandes pour
cette petite localité. Nul doute que les sol-
dats, en revenant de leurs expéditions, ne
puissent se procurer les mêmes distractions
que leur offrirait peut-être un quartier de
Paris.

Les routes qui ont été tracées dans les
campagnes voisines sont longues , larges et
dans une harmonie parfaite avec tout ce que
nous venons de citer. Voilà pourquoi l'on
peut affirmer que le plan de cette nouvelle
ville est une belle copie d'un quartier de la
capitale de la France , transporté par l'activité et le génie français sur les côtes d'Afrique.

Quant à la colonisation , il paraît qu'elle
doit aller de progrès en progrès ; les champs

verdoient en fesant ressortir des alentours
émaillés de fleurs et d'autres plantes indigènes qu'on est bien aise de voir D'un côté et
d'autre on rencontre de vieilles tours et des
maisons champêtres maintenant augmentées
et embellies par les soins des nouveaux
propriétaires. Les omnibus parcourent la
ville et la campagne, et avec peu d'argent l'on
va s'amuser dans les villages dont l'aspect
est, à la vérité, bien différent de ceux que
l'on aperçoit sur les bords du Nil.

L'industrie et l'énergie des Français, quoique réputés légers, propagent les systèmes
de civilisation et de réforme partout où ils pé-
nétrent. Il est incontestable qu'ils ont rendu
ce continent brillant et digne de toute con-
sidération.

Les Bédouins devenus moins rustiques
fraternisent avec les Européens, et contens
d'appartenir à une grande nation vont en
France où ils sont bien accueillis, et à leur
retour recrutent en faveur du nouveau dominateur. Les belles femmes au lieu de se
cacher et de couvrir leur figure avec un masque se confondent orgueilleuses avec les
dames Européennes, et en méprisant les
anciennes habitudes, ne dédaignent pas

d'accepter les hommages des militaires et des voyageurs qui fourmillent continuellement dans la nouvelle Algérie.

La partie élevée de cette ville est la plus originale de toutes celles de l'Afrique, car, à mesure que l'on monte, on rencontre des petites maisons rustiques entassées les unes sur les autres; les rues sont de même; celles qui vous mènent du côté de la citadelle sont tortueuses et sales. Des arcades mal bâties soutiennent quelques maisons passables ; d'un labyrinthe, on entre dans un autre, et avec bien de la peine on arrive sur la cîme de la montagne où existe encore un vieux château , jadis résidence du chef des pirates appelé bey, et que l'on nomme la Cashba ou Casauta.

A Alger les Chrétiens sympathisent avec les Turcs, et ils se rendent tour-à-tour des services, à l'ombre du pavillon d'une nation hardie et guerrière. Une police sévère surveille les étrangers qui y abordent, c'est ce qui fait que si à l'époque de sa fondation les chevaliers d'industrie réussissaient dans leurs escroqueries; à présent il n'y a plus moyen. Tout individu qui doit partir voit afficher son nom sur une liste placée dans une tablette en bois entourée d'un grillage en fer, suspendue devant le bureau de police, et cela pendant trois jours.

Beaucoup de capitalistes français et étrangers se sont établis dans cette ville où rien ne manque. La vie animale est un peu chère, à cause de la présence de l'armée qui accroît la population déjà assez nombreuse, et par le manque de plusieurs genres de comestibles qui, en venant de France, sont achetés de troisième main et par conséquent payés plus cher.

S'il ne pleut pas en Egypte, sur les côtes d'Afrique et particulièrement à Alger il pleut souvent et à verse.

Le voyageur qui visite Alger est desireux de se rendre à Tunis, et comme les territoires de ces deux provinces sont limitrophes, on y va vite par mer et non par terre, car les routes sont rares et peu sûres.

Tunis, l'ancienne Carthage, si célèbre du temps des Romains présente une côte plus riante que celle d'Alger, et un bassin apte à contenir une flotte. Mais on n'y aborde pas si facilement à cause des bas-fonds produits par l'eau d'une rivière qui se jette dans la mer : sitôt qu'on a vaincu cet obsta-

cle, l'on met pied à terre et l'on voit tout de
suite ce que c'était que l'ancienne Barbarie.
Il est certain qu'en effectuant le passage d'Alger à Tunis , c'est partir d'une ville tant soi
peu belle et policée pour se rendre dans un
désert qui cependant ne laisse pas que d'être
assez peuplé. Les douanes, les gardes, en un
mot tout ce qui se présente à l'œil, repousse
l'étranger, et la mauvaise humeur augmente
à mesure que de la plage (trajet bien long)
on se rend dans la ville. Je ne saurai parler
de l'architecture de Tunis, car tout cela n'a
point de symétrie , mais il faut avouer qu'au
temps du bey d'Alger, Tunis était une tout
autre ville , quant à son étendue et à sa position géographique.

Les demeures des consuls ont été bâties
aux frais de ces beys, c'est pour cela qu'ils sont
parfaitement logés ; la résidence du bey est
assez bien. Mais ce qui est insupportable ,
c'est la saleté des rues. Les murs de la forteresse ont été solidement bâtis. La position
domine éminemment la ville et le port : il
paraît que cette citadelle a été négligée
alors que cessa le commerce inhumain
des esclaves que l'on fesait en Barbarie. Grâ-
ces aux soins des princes de la haute-allian-

ce européenne , les Chrétiens ne sont plus
sujets à devenir la proie des Turcs ; au contraire les Mahométans , en voyant que leurs
despotes ont perdu toute sorte d'entité politique, approchent les Francs, font le commerce ensemble, et la plus grande tolérance
est mutuellement observée dans les cultes.

Le territoire de Tunis est plus fertile que
celui d'Alger, et par conséquent plus riche
en produits indigènes ; les positions en sont
belles ; mais tout ce qui vous environne présente une pâleur mortelle et respire la barbarie , surtout dans la campagne. Le pacha, qui n'est pas un sot , s'occupe de sa
petite armée, il fait son possible pour en
améliorer la position , et comme d'ordinaire
sans aucun profit : deux cuisiniers français
sont attachés à son service, ils lui apprêtent
son dîner à l'européenne. Quand il descend
dans le port pour y passer l'été, son armée
le précède , et ses équipages sont tellement
riches qu'il est vraiment drôle de voir marcher des voitures magnifiques en campagne
et en ville, sur des terre-pleins remplis d'ordures et de fange. Il est entendu qu'on rencontre tout ce qui est recherché d'après
leurs usages seulement dans l'intérieur des

maisons des Musulmans ; pour ce qui concerne le reste, la nature fait son cours; voilà
pourquoi si dans ce beau climat il y avait
une police municipale, bien des maux n'af-
fligeraient pas la race humaine, mais ce serait trop prétendre, je le vois. Espérons que
l'influence européenne introduira plus tard
dans ces lieux barbares, cette propreté que
les Français appellent à juste titre la seconde
vie de l'homme (ou une demi vertu).

Quant à moi, toujours malade , toujours
souffrant, plus ou moins des fièvres qui bien
que cédant insensiblement ne me quittaient
pas encore après avoir fait un séjour de huit
jours dans le Caire. Avant de partir je voulus
visiter à tout prix les pyramides. On me con-
seilla de ne pas y aller tout seul; je cherchai
des camarades et j'en trouvai; c'est un voyage de cinq lieues, il est dangereux non pas
pour le chemin qui est uni et plat , parce
qu'on traverse, pour y aller, des campagnes
riantes; mais les bédouins qui habitent
les villages voisins sont à redouter. Le
croirait-on , ils découvrent du sommet de
ces gros amas de pierres lès Européens et
les autres voyageurs et ils viennent tout es-
souffllés à leur rencontre, en se disputant

leur acquisition avec un acharnement inconcevable, et ce qui est pis, ils font souvent égarer les étrangers, afin de pouvoir
gagner davantage en passant un bras du Nil
avec leurs hommes sur leur dos ; voilà ce
qui arrive à tous ceux qui y vont seuls ou
bien qui s'éloignent du groupe dont ils font
partie ; c'est aussi ce qui m'arriva, à moi,
qui ne me doutais pas des entraves que cette
horde de brigands prépare à la curiosité
des étrangers, je tombai dans le piége et
il s'en fallut peu que je ne restasse submergé
dans le Nil, à cause de la mêlée qui eut lieu
dans l'eau, quand il fut question de me por-
ter, ce qui n'était pas facile en raison de
mon poids.

Je commençai à réfléchir sérieusement
sur les dangers auxquels se trouvait exposé
celui qui hasardait un pareil voyage, et ab-
sorbé dans mes pensées j'arrivai sans m'en
douter : ce n'est qu'avec beaucoup de peine
qu'on peut traverser les montagnes de sable, sur lesquelles sont posées ces masses
énormes.

Le silence profond du désert et la vue des
pyramides vous impressionnent ; il semble
qu'elles vous rappelle la vénération dont les

anciens peuples étaient pénétrés pour les
morts. Aujourd'hui c'est différent, la civilisation qui est si avancée regarde la mort
d'un homme comme les poètes anciens re-
gardaient les aventures d'Oreste sur la scène
où nous naissons tous pour mourir. Sans
doute nous sommes tous mortels; chacun doit
payer son tribut à la nature ; mais les parens
et les amis, si vous êtes pauvres, vous aban-
donnent pendant votre vie ; si vous avez des
moyens pécuniaires, une fois décédé, ils se
disputent avec acharnement vos dépouilles,
et se bornent à se rappeler votre perte
en disant : il est mort.....

La plus grande des pyramides compte environ six cents pieds de hauteur et cinq
cents de largeur à sa base ; elle est composée
de grandes pierres taillées et arrangées de
manière, l'une sur l'autre, qu'il n'est pas
facile d'en faire la description. Les premières pierres, celles qui couvrent immédiatement les fondemens, sont de la hauteur
d'un homme. La surface de chaque trian-
gle offre à la vue autant de pointes qu'il
y a de pierres. L'appareil ; tout-à-fait parti-
culier par le moyen duquel a été exécuté ce
travail, est une chose extraordinaire de nos

jours, et même nous croyons qu'on ne trou-
verait pas un homme qui voudrait en hasar-
der l'exécution, d'autant plus qu'il en coûterait des sommes immenses. Je le répète
encore, le grandiose de ce monument ef-
fraierait celui qui voudrait l'imiter. La grande
pyramide est accessible jusqu'au sommet,
car le constructeur a eu soin de laisser les
pierres (ou pour mieux dire les parallélipi-
pèdes dont elle a été construite) divergentes
en dehors, ainsi qu'il l'a fait pour toute la
surface extérieure des différens côtés du
mausolée. Je dis mausolée, car il est prouvé
que ces bâtimens contiennent des sarcophages et des tombeaux. Je ne saurai donner
une description exacte de la partie interne
de la grande pyramide, attendu que l'ouver-
ture par laquelle on y entre actuellement
présente la forme d'un long spirale. A cette
vue, je me sentis ému, voyant que je ne
pourrais m'y introduire sans risquer d'y être
étouffé. Cependant il paraît que la véritable
porte d'entrée a été scellée par les anciens,
après qu'ils y eurent déposé les corps.
On sait que la partie cachée renferme plusieurs étages et des chambres dans lesquelles on entre en grimpant avec beaucoup de

peine, et ceux qui ont voulu satisfaire leur curiosité rapportent qu'on y trouve des sarcophages de granit et de porphyre, des momies et bien des choses allégoriques.

A quelque distance de la première, il y a une autre pyramide plus petite, ce qui fait que de loin on les croit de la même grandeur; mais la seconde n'est pas accessible au dehors. D'après sa surface extérieure, il paraît qu'elle a été incrustée de verre ancien, du moins, c'est ce que ses vestiges font croire.

Sur ces montagnes de sable, il y a d'espace en espace d'autres petites pyramides qui ne s'aperçoivent pas de loin. Il y a aussi un puits très profond, dans lequel on déterre des momies, des sarcophages, des urnes et d'autres objets qui rappellent les anciennes mœurs. Un sphinx d'une grandeur énorme précède les pyramides. Nous croyons qu'il a été placé là comme un gardien muet du lieu sacré. Il suffit de savoir que sa tête symbolique présente une dimension de quinze pieds carrés. Tout cela nous paraît extraordinaire et ridicule, et nous voyons par là ce que c'était que les anciens idolâtres.

N'ayant pu accomplir le but de notre voyage, c'est-à-dire, celui de visiter la Syrie,
car, comme nous venons de le dire, si nous
avons pu nous étendre malgré l'obstination
des fièvres jusqu'aux pyramides il nous a
fallu baisser pavillon et retourner sur nos
pas en revenant à Alexandrie, pays détesta-
table à cause des fièvres qui règnent dans
cette ville pendant toute l'année, on ne
voit chaque jour que les enterremens des
malheureux Arabes et des Européens qui
viennent habiter cette terre exterminatrice,
car les fièvres après tant de dépenses et
de soins avaient cédé au Caire. A peine eus-
je remis le pied sur cette terre maudite
qu'elles m'assaillirent si violemment que je
ne croyais pas même avoir assez de temps
pour attendre le bateau à vapeur français
qui vint me délivrer de tant de tourmens.

La seule chose qu'il y ait de remarquable
à Alexandrie est la colonne appelée Pompée,
située dans un champ destiné à inhumer les
Arabes. Grand Dieu! Comme les temps sont
changés! Autrefois ce monument s'élevait
orgueilleux, et il paraissait dire aux peuples
de l'Orient : Respectez en moi le simulacre
de la grandeur romaine ; mais à présent la

7

colonne de Pompée a été condamnée à remplacer le sphinx qui précède les mausolées des pyramides, Cette colonne présente une seule pièce de granit, et on ne saurait concevoir de quelle manière on a pu la couper dans la carrière. Sa hauteur est immense et elle conserve encore, après tant de siècles, son premier chapiteau : le diamètre de cette colonne est de neuf pieds carrés. Comment a-t-on pu transporter sur les eaux du Nil cet énorme bloc de granit et de quel moyen les anciens se sont-ils servis pour le placer perpendiculairement sur son piédestal qui menace ruine maintenant. Ce sont des faits dignes de toute admiration. Il n'y a pas de doute que de nos jours les sciences et les arts peuvent, en raison de leurs progrès, rendre ces travaux plus faciles, mais il paraîtrait que dans le temps de la plus reculée antiquité de semblables plans ne s'exécutaient pas non plus très aisément.

Un monument aussi intéressant va tomber d'un jour à l'autre, car, d'après ce que nous avons dit, le piédestal chancelle et l'on risque beaucoup en s'en approchant.

L'influence que les Européens , et spécialement celle que les Français ont exercée et exercent sur les peuples d'Egypte, mérite d'être citée, et il faut dire que le cabinet des Tuileries a eu des motifs suffisans pour ne pas se déclarer tout-à-fait en faveur du pacha dans les dernières guerres (motifs assez justes à notre avis, car il faudrait conquérir ce pays-là et non protéger la Porte qui le domine, vu qu'un tel procédé ne peut être que nuisible aux intérêts des Francs et des Arabes même). Les Français, dis-je, et beaucoup d'Italiens établis dans ces contrées, ont rendu des services incalculables à ces peuples en y introduisant autant que possible leurs institutions , c'est-à-dire, les écoles de navigation, celles de médecine ; les écoles vétérinaires , et bien d'autres établissemens de différentes natures. Beaucoup d'arabes parlent passablement les langues étrangères, et plusieurs d'eux, après avoir été examinés et licenciés, exercent la médecine dans les villages, et les plus hardis en font autant envers la basse classe dans le Caire , concurremment avec les Européens.

Le ministère de Méhémet-Ali a été organisé à-peu-près à l'instar de celui des grandes puissances. En cela seulement le turc a

voulu singer les cabinets..... On y trouve
le département de la guerre, celui de l'ins-
truction publique, celui des finances et celui de l'intérieur.

J'ai eu l'idée de visiter sous de spécieux
prétextes ces départemens qui n'offraient à
la vue que la réunion de plusieurs vampires,
assis sur les divans, ainsi que les beys et le
pacha leurs régulateurs qui tout en fumant
leurs très longues pipes, par le moyen du
geste fesaient mouvoir les fils de ces ma-
rionnettes. De semblables ministres sont
tous des Arabes qui ont habité la France ou
l'Angleterre; ils parlent passablement les
langues de ces pays, et par conséquent ils
sont à portée d'avoir un commerce avec les
Francs en les repoussant et en les amusant
selon l'impulsion qu'ils reçoivent du grand
financier. Enfin le débouché des Français,
des Italiens, des Allemands et des Maltais,
a été tellement grand en Egypte que si le
Pacha avait voulu payer ponctuellement
tout ce qu'il leur a promis, ses capitaux en
auraient beaucoup souffert; mais par le système qu'il a adopté du premier moment,
c'est-à-dire celui des arrérages, en véritable
prosélyte de Mahomet, il s'est servi d'eux

comme on dit en retirant la bride et en les rendant tous contens en apparence.

Les médecins et les pharmaciens qu'on rencontre dans le Caire pourraient fournir le personnel d'une armée de deux cent mille hommes. Aux Français il faut toujours ajouter les Italiens et les Allemands, et pour cela, selon nous, malgré les grandes maladies qui désolent ces contrées, il y a en Egypte, indépendamment des ravages que fait la peste, plus de médecins que de malades. Il est essentiel aussi de faire observer que parmi les employés européens, il y a des pachas et des beys qui n'ont pas encore renié la foi.

Tout va dans ce pays, car les vivres y sont à bon marché.

Or donc, on attend, dans ces contrées fertiles, malgré les efforts des Européens et ceux des Arabes, que la justice divine fasse triompher la cause de l'humanité. Dieu veuille que les vœux de tous soient enfin exaucés.

RÉFLEXIONS POLITIQUES

ET

ESSAI

SUR L'ILE

DE CORFOU.

―――

Nous ne voulons pas inventer des histo-
riettes pour l'amusement des enfans; instruire le peuple, faire marcher la civilisation
déjà si avancée dans les villes du nord de
l'Europe, tel est le motif qui guide et anime
notre plume.

Il est une partie de la Grèce qui a sans
contredit fait des prodiges de valeur dans la
guerre des sept années de sa régénération,
puisqu'elle a secoué le joug de la Porte, au
moment où toute l'Europe dormait sur ses
lauriers, à l'ombre de la paix produite par
les événemens politiques.

Un nouvel ordre de choses semblait devoir mettre la race humaine en état de renverser le colosse du préjugé, et de marcher
à grands pas vers son but, le respect des
droits de l'homme, afin que chacun pût vivre enfin sous l'égide de lois justes et égales
pour tous. Hélas! tout n'a été, tout n'est
encore que chimères, qu'illusions dans les
agitations de l'esprit humain. Tout change
ici-bas; tout est subordonné aux crises na-
turelles et politiques; et l'homme, directement ou indirectement, est condamné à vé-
géter et à tourner sur la surface du globe,
en luttant continuellement avec la perfidie
de son semblable, comme avec la force des
choses. — Jamais de repos, jamais de paix
pour l'espèce humaine! Et c'est là où triom-
phent l'intrigue et la cupidité, qu'on vient
parler de réciprocité sociale et de philantro-
pie! — Paradoxes, erreurs que tout cela

dans le siècle où nous vivons. L'égoïsme est
le seul mobile ; et pour comble de malheur,
les hommes en suivent l'impulsion ; ils se
débattent, luttent entr'eux, et l'on voit naître ce conflit d'opinions qui a été et sera
toujours le pivot des discordes humaines.
L'un veut la république, l'autre la constitution, un autre préfère l'absolutisme ; chacun,
au point de vue de sa propre existence, fait
des vœux pour son bien-être et non pour
celui de la société, ce qui fait que la terre
est infectée de spéculateurs, de réformateurs
et de docteurs-diplomates. De ce schisme
vient la désunion des peuples, et c'est cette
désunion qui fait subsister les vieux abus,
retarde le progrès et arrête l'élan de la civilisation.

L'amour immodéré de soi-même abrutit
les masses, et dégénère en orgueil ou fanatisme, c'est ce qui arrive à la majeure partie
des peuples modernes. Il est certain que la
réforme apportée par Napoléon à toutes les
institutions antiques, comme à cette paix
dont on jouissait en Europe, et qui ne re-
viendra plus, a secoué, jusque dans ses fondemens, la machine politique. Ce grand
conquérant a su, par les sentiers de la li-

berté, parcourir le chemin qui conduit au despotisme. Que lui est-il arrivé après tant de triomphes ? En voulant tout renverser, il s'est renversé lui même ; et ce qu'il y a de pis, d'une part, il a fait germer dans l'esprit des hommes du siècle les idées révolutionnaires ; tandis que de l'autre, il a montré aux rois le vrai moyen de dominer l'espèce humaine. Et de tout ce désordre, il est résulté que les hommes pouvaient bien obtenir des améliorations dans le gouvernement, des concessions libérales, mais aux dépens de leur vertu, aux dépens de l'honnêteté. Rien, rien à espérer, aujourd'hui que les clubs politiques ont répandu la défiance sur la surface de la terre ; et précisément dans les cabinets qui, étant informés de tout ce qui se passe, poussent la rigueur jusqu'à donner un corps à l'ombre même d'un complot. Voilà ce qu'a gagné l'espèce humaine, en embrassant le système de la dernière révolution. Quant à Bonaparte, il faut le regarder comme un second Attila, *flagellum dei.* Il a répandu le sang des peuples, non pour les arracher à une prétendue servitude, mais afin d'en profiter comme moyen nécessaire à son élévation, et pour qu'ils pussent ser-

vir d'instrumens à son ambition. L'esprit
d'innovation, qui est inné dans l'homme, a
ébloui la plus grande partie de la génération
actuelle, au point qu'on adore encore la mé-
moire de cet homme qui, certainement dans
sa carrière, n'a rien fait pour l'humanité.

Le mécontentement dans la race humaine
est aussi vieux que le monde. Reste à exa-
miner si les principes qui nous agitent aujourd'hui sont les mêmes que ceux qui agi-
taient les autres peuples. — Non, sans doute. Les besoins de la race humaine varient
comme les générations. Les mœurs et les
usages de nos ancêtres étaient bien différens de ceux des hommes du siècle. Nul
doute que les réformes si importantes qu'a
subies la société, depuis l'ère vulgaire jusqu'à nos jours, n'aient produit d'immenses
avantages dans le progrès des lettres, des
sciences et des arts. Les nations qui ont con-
quis leur indépendance nous en fournissent
continuellement l'exemple. C'est là le sujet
d'un autre schisme et de toutes ces préten-
tions mal fondées qui nous font desirer des
biens auxquels nous n'avons pas le droit de
prétendre, puisque nous n'avons pas su nous
les procurer.

La philosophie, la persévérance, la fermeté de caractère sont les meilleurs guides
à suivre sur le chemin de la vie ; mais on
observe peu leurs préceptes, parce que
l'homme, dominé par l'avarice, la jalousie
et l'envie, est (selon l'expression de Loche)
le loup d'un autre homme. Comment donc
espérer quelque chose de bien, si, loin d'a-
voir des principes, l'individu, dans les so-
ciétés modernes, ne fait que profession de
principes. Tout est spéculation, tout est pour
la fin, et plus la race humaine s'efforce de
masquer ses imperfections, plus la contra-
diction dans laquelle elle tombe à chaque
instant obscurcit la lumière, comme ces
miasmes pestilentiels si funestes à la santé
de l'homme. dans la Grèce, bien que nouvelle et régénérée, l'intrigue, l'avarice et l'é-
goïsme conduisent aux affaires.

Ces peuples, pleins d'énergie, ont tout
perdu pour le salut de leur patrie. Il est donc
nécessaire que l'industrie et la réunion de
leurs efforts viennent cicatriser les profondes blessures qu'ils ont reçues dans ce long
et pénible conflit. D'un autre côté, l'enthou-
siasme qui les anime pour leur prospérité a
besoin d'être modérée et adoucie par cette

hospitalité qui honore les peuples naissans et libres ; tandis que chez les autres , elle doit être le patrimoine de tous et le piédestal de l'ordre social.

Le luxe et la corruption des mœurs font que tout s'entreprend par besoin ou par mode ; aussi se rencontre-t-il bien rarement aujourd'hui que la vertu et le bien public soient la règle de nos actions.

> Le monde empire
> Et en empirant il vieillit.
>
> P. LAZARE.

Pour ce qui regarde les Grecs des sept îles, je crus voir un petit Paris quand j'arrivai à Corfou. La ville est fort belle, quoique petite, les campagnes sont riantes et fertiles, les routes convenablement tenues et l'esplanade, qui conduit à la citadelle , est ornée d'arbres, d'allées, de promenades champêtres et des monumens de ceux qui ont gouverné et gouvernent encore ces petits états. Le quartier qui fait face à la ligne parallèle de la forteresse est bâti d'une manière uniforme et soutenu par des portiques praticables où se montrent de fort belles boutiques qui ne le cèdent en rien à celles de la rue de Rivoli à Paris.

De somptueux cafés , de riches magasins
de divers genres animent le long portique
et servent de rendez-vous aux gentilshom-
mes qui viennent s'y promener le matin
pour éviter les rayons du soleil , et qui , le
soir , reviennent s'y soustraire à l'humidité
mortelle de la perfide esplanade.

On y jouit d'une vue délicieuse; mais
malheureusement cette plaine est entourée
des montagnes de l'Albanie où se trouvent
quelques petits étangs; de là sortent des
exhalaisons qui , poussées et repoussées par
divers vents , se répandent sur ce rocher et
infectent l'air. Le climat est tellement varia-
ble qu'on peut dire en toute assurance que
les saisons qui règlent la température atmos-
phérique presque partout ont fait divorce
avec cette île. L'hiver , il pleut pendant six
mois; et l'été , les vents changent à tout
moment. Le tonnerre , les tempêtes , les
inondations se renouvellent avec une telle
extravagance qu'il devient impossible à un
étranger d'y vivre en bonne santé. En au-
tomne , un étang intérieur , nommé Calichiopoli , produit des fièvres périodiques
contre lesquelles ont à lutter les habitans
des campagnes , et qui se répandent même

dans la ville. A vrai dire, l'enchantement
dont est saisi le voyageur qui touche à Corfou, en revenant du Levant, est bien empoi-
sonné, troublé par l'inconstance de l'air
qu'on y respire et par tous les désastres auxquels l'île reste toujours soumise, à cause de
sa position géographique.

La jeunesse de Corfou est mise élégamment, et anime par sa bizarrerie cette po-
puleuse cité. Pour les dames, nous n'en dirons rien ; elles sont grecques, et cela suffit. Elles parlent le dialecte vénitien, outre
la langue maternelle ; et certainement elles
sont douées d'une vivacité et d'un charme
à éclipser la grace de nos belles vénitiennes.
La noblesse y est florissante et digne du rang
qu'elle occupe. Il me semblait rêver lorsque j'arrivai à Corfou, la décence et l'ur-
banité peu commune de cette jeunesse
dorée me tira d'une espèce de léthargie
dans laquelle m'avait plongé le souvenir de
mes voyages en Orient. Je me rendis au
théâtre, bel édifice d'architecture antique,
et j'y entendis exécuter les plus belles par-
titions de nos auteurs classiques modernes.
L'orchestre pourrait rivaliser avec ceux de
Munich et de Berlin, mais la compagnie

des chanteurs... hélas! était bien médio-
cre. Toutefois ce n'est pas la faute de l'administration, car il y a aujourd'hui grande
pénurie de cette marchandise, même en
Italie.

Le palais de justice est très remarquable
par sa construction. Les magistrats sont
pleins de sens et tout-à-fait incorruptibles.
Tout est ordre, tout est système dans cette
petite île. Cercles pour les nobles, cercles
pour les négocians; c'est là qu'ils vont se
délasser des travaux de la journée; une hos_
pitalité presque inconcevable envers les
étrangers; un grand luxe chez les dames,
et un ton de magnificence dans la classe
distinguée de la société. Il faut visiter Corfou pour se convaincre qu'il est de petites
villes où l'on peut vivre aussi agréablement
que dans une grande capitale. Les hôtels,
les restaurants et les cafés pourraient rivaliser avec ceux de Florence et de Milan.
Une chose manque à cette petite métropole,
peut-être l'argent, parce que la fortune des
habitans dépend du produit des olives qui
est très abondant, mais dont malheureusement la récolte ne se renouvelle pas très
souvent à cause de la température; il y a

même plusieurs années que le manque de produit fait la guerre à la bourse des généreux et magnifiques *Corfiottes*. Que le Très-Haut veuille y pourvoir, car, où manque le commerce et l'industrie, là se dresse l'hydre de la misère.

Parmi les institutions qui honorent cette petite île, on distingue l'université où des professeurs d'un grand renom enseignent le droit, les mathématiques, les langues, le dessin et tant d'autres choses utiles au genre humain.

On vient tout récemment d'y installer une société philharmonique, pour la prospérité de laquelle s'efforcent à l'envie la jeunesse et les plus grands amateurs *(dilettanti)* de la Méditerranée.

Très souvent on y donne des soirées brillantes où l'on chante à merveille, et où les instrumentistes font preuve d'une exécution presque parfaite. En un mot, tel est le zèle et l'amour-propre de ces indigènes qui se sont fait une loi jusqu'à présent de n'inviter ni les amateurs, ni les artistes étrangers qui se trouvaient établis ou de passage dans leur ville. En vérité c'est aller trop loin, depuis que dans toutes les parties du

monde, les amateurs de musique spécialement, ne font aucun mystère de leur savoir; et pleins de modestie, soumettent volontiers leurs talens à l'examen, persuadés
que, quelle que soit la force de ces Messieurs, l'indulgence et la gratitude précé-
dent tout jugement. Pour ce qui concerne
la musique, comme elle est nationale, *cela
viendra*, disent les Français, il faudra donc
l'espérer. Le président perpétuel de la société musicale, outre qu'il appartient à une
des plus nobles familles, est encore un jeune homme d'un bel aspect, doué d'immenses connaissances, bon orateur et versé
dans la partie scientifique de la musique.
Comme dans ses voyages il a fréquenté les
plus grands artistes du jour, il a été à même
d'enrichir son génie pour pouvoir devenir
le germe animateur du congrès musical de
Corfou.

Un corps de musique militaire entière-
ment composé d'amateurs élégamment vê-
tus, ne le cède en rien à ceux des régimens
anglais qui y sont en garnison.

Le président du corps législatif, est un
avocat d'une grande pénétration d'esprit;
il se sert du don de la parole avec tant de

bonheur, qu'il dispose et remue à son gré tout ce qui l'entoure, sans jamais rencontrer d'obstacle.

Il existe à Corfou une imprimerie grandiose, dite du *Gouvernement,* le local est fort beau, c'est un ancien couvent. L'établissement est pourvu de toutes sortes de caractères, de vignettes, et de tous ces petits ornemens nécessaires à la publication d'un ouvrage; le directeur est un homme fort civil, très affable, et je ne sais par quelle fatalité il n'est pas bien secondé par ses subordonnés.

On trouve dans cette île plusieurs étangs, ceux de Calichiopoli, de Govino, d'Antiquotti, de Saint-Mathieu, mais les poissons de Calichiopoli ont la chair délicate et d'un goût superfin; ceux du port sont également appréciés, bons légumes, bons fruits, bon pain, excellent vin à bon marché, tout abonde à Corfou; si dont l'argent manque, ce n'est pas la faute des habitans, mais du destin! Que la récolte des olives soit abondante et les *Cofiottes* seront heureux.

ERRATA.

—

Page 8, ligne 24, au lieu de : pen ; lisez : *peu.*

Page 9, ligne 17 , au lieu de : Calata ; lisez : *Galata.*

Page 12, ligne 23, au lieu de : jardius ; lisez : *jardins.*

Page 13, ligne 1, au lieu de : arran é ; lisez : *arrangé.*

Page 13, ligne 21 , au lieu de : inconviens ; lisez : *inconvéniens.*

Page 16, ligne 19, au lieu de : Buyudéré ; lisez : *Bouïouk-Déré.*

Page 21, ligne 14, au lieu de : Ferse ; lisez : *Perse.*

Page 23, ligne 11, au lieu de : saurai ; lisez : *saurais.*

Page 24 , ligne 7, au lieu de : Mahimoudih ; lisez : *Mahmoudy.*

Page 26', ligne 3, au lieu de : énerve ; lisez : *énervent, etc.*

Page 37, ligne 24, au lieu de : atmospère ; lisez : *atmosphère.*

Page 40, ligne 18, au lieu de : en imposent ; lisez : *imposent.*

Page 41, ligne 23, au lieu de : Buyudéré ; lisez : *Bouïouk-Déré.*

Page 43, ligne 17, au lieu de : trouvait ; lisez : trouvaient.

Page 50, ligne 11, au lieu de . disgression ; lisez : *digression.*

Page 55, ligne 26, au lieu de : iour ; lisez : *jour.*

Page 58, ligne 1, au lieu de : hazard ; lisez ; *hasard.*

Page 61, ligne 25, au lieu de : Ibraim ; lisez : *Ibrahim.*

Page 65, ligne 27, au lieu de : l'éat ; lisez : *l'état.*

Page 66, ligne 23, au lieu de : n'aurai ; lisez : *n'aurais.*

Page 68, ligne 1, au lieu de : accacias ; lisez : *acacias.*

Page 68, ligne 11, au lieu de : résonné ; lisez : *raisonné.*

Page 69, ligne 27, au lieu de : ietelligence ; lisez : *intelligence.*

Page 71, ligne 5, au lieu de : descedant ; lisez : *descendant.*

Page 74, ligne 1, au lieu de : ville ; lisez : *villa.*

Page 80, ligne 1, au lieu de : e ; lisez : *le.*

Page 88, ligne 17, au lieu de Casauta ; lisez : *Casauba.*

Page 91, ligne 6, au lieu de ; ensemble ; lisez : *entr'eux.*

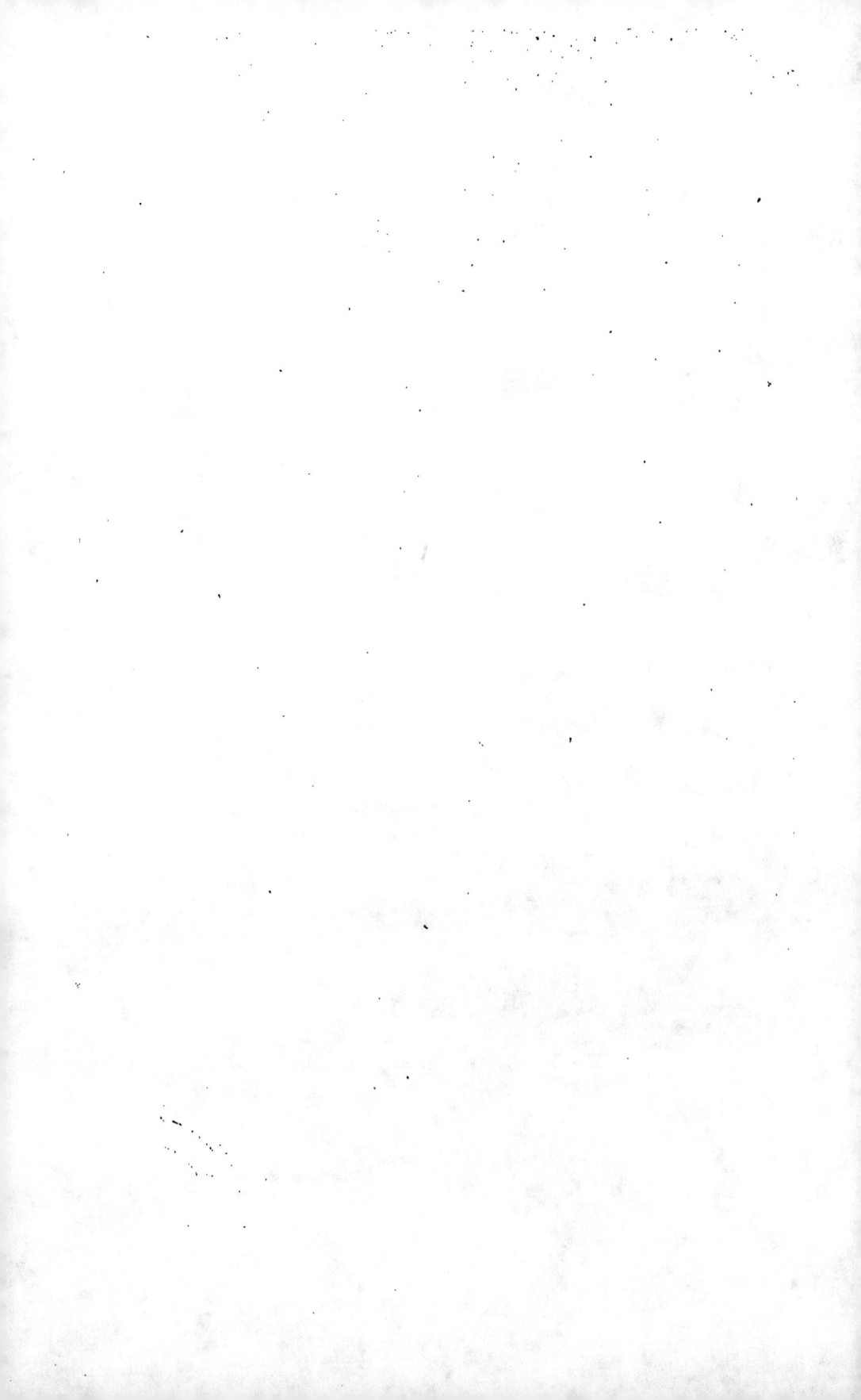

www.ingramcontent.com/pod-product-compliance
Lightning Source LLC
Chambersburg PA
CBHW052221270326
41931CB00011B/2434